Taijiquan
und Qigong

Klemens J.P. Speer

Taijiquan
und Qigong

Jeder Schritt im Dao zeigt den Sinn

LOTUS PRESS

Das vorliegende Buch ist sorgfältig erarbeitet worden. Dennoch erfolgen alle Angaben ohne Gewähr. Weder Autor noch Verlag können für eventuelle Nachteile oder Schäden, die aus den im Buch gemachten praktischen oder theoretischen Hinweisen resultieren, Haftung übernehmen.

Klemens J.P. Speer: Taijiquan und Qigong - Jeder Schritt im Dao zeigt den Sinn

Copyright © 2015 by LOTUS-PRESS
Zerhusener Str. 31a
49393 Lohne
Germany

www.lotus-press.com

Satz: Andreas Seebeck
Covergrafik: Febe Homrighausen

ISBN-13: 978-3-945430-34-7

Übersicht

Vorwort und Danksagung

Einleitung

Teil 1: Einfach jetzt! - Qigong und Taijiquan als Übungswege der Meditation

Teil 2: Zuowang und Taiji - Sitzende Meditation zur Vertiefung

Teil 3: Taiji und Gefühle

Teil 4: Innere Entwicklung und daoistische Begriffe im Taiji

Teil 5: Entwicklungsstufen im Taijiquan und ihre Interpretation

Teil 6: Taiji und die Wirkung auf die persönliche Entwicklung

Teil 7: Taijiquan und „innere Kampfkunst"

Teil 8: Taiji im Management

Teil 9: Daoist-Sein und Christ-Sein im Westen

Nachwort

Abbildungsverzeichnis

Zitaten und Literaturverzeichnis zu den einzelnen Teilen

Allgemeine Literaturangaben

Glossar für Taijiquan und Qigong

Glossar für integrale Spiritualität nach Wilber

Autorenportrait

Weitere Informationen

Auch von Klemens J.P. Speer

Auch von Lotus-Press

Inhalt

Vorwort und Danksagung...9

Einleitung...11

Teil 1: Einfach jetzt! - Qigong und Taijiquan als Übungswege der Meditation..17

    Woher komme ich? Wohin gehe ich? Wer bin ich? Warum bin ich hier?..17

    Gedanken und Gefühle als Hindernisse..................................18

    Die Übung selbst als eine Hürde...19

    Das Besondere an den Methoden der Meditation im Qigong und Taijiquan...20

    Allgemeine Entwicklungsstufen in Qigong und Taijiquan....21

    Die Einheit von individuellem und kosmischem Qi und Xu im Qigong und Taijiquan...25

    Parallelen zwischen mystischem Daoismus und westlicher Wissenschaft..26

    Wer bin ich, und was ist meine Aufgabe?..............................30

Teil 2: Zuowang und Taiji - Sitzende Meditation zur Vertiefung...32

    Stufen oder Ebenen der Entwicklung im Qigong und Taijiquan...32

    Vier große Zustände in allen mystischen Traditionen...........37

    Vergleich der Übungswege durch Bewusstseinszustände......40

    Geistige versus energetische Entwicklung.............................42

    Wie ergänzen sich Taijiquan und Zuowang?.........................43

    Bewegen und Sitzen in der Übung und im Alltag..................44

    Sitzen und Bewegen in der Meditationsforschung.................45

Teil 3: Taiji und Gefühle...49

    Qi und Gefühle im frühen Daoismus.....................................49

    Qi und Gefühle in der heutigen TCM und im Taiji................53

    Das höhere Feinstoffliche im Taiji..58

Teil 4: Innere Entwicklung und daoistische Begriffe im Taiji....60

Begriffe für die vorrationale, rationale und transrationale Entwicklung...61
Differenzierte Interpretation daoistischer Begriffe...............64
Erkenntnis des Absoluten in der daoistischen Literatur.........68
Erkenntnis der Allverbundenheit im Taiji: Alle Gegensätze sind eins...69

Teil 5: Entwicklungsstufen im Taijiquan und ihre Interpretation 71

Stille und Langsamkeit als Kraftquelle für den Alltag...........71
Empfehlungen zur Übungspraxis..72
Sechs Entwicklungsstufen und die Einheit..........................73
Reflexion der Entwicklungsebenen und Zustände nach Wilber 80
Handeln entsprechend der Erkenntnis oder Kampfkunst im Alltag..83

Teil 6: Taiji und die Wirkung auf die persönliche Entwicklung. 86

Was ist Integrale Entwicklung?..86
Integrale Entwicklung und Schattenarbeit...........................89
Ebenen oder Zustände der Entwicklung...............................91
Entwicklungsebene 1 und 2...96
Entwicklungsebene 3..97
Entwicklungsebene 4 und 5...98
Entwicklungsebene 6..99
Entwicklungsebene 7 und Traumbewusstsein.....................100
Entwicklungsebene 8 und eventuell darüber hinaus?...........104
Zusammenfassung...105

Teil 7: Taijiquan und „innere Kampfkunst".....................108

Innere und äußere Kampfkunst..108
Taijiquan als innere Kampfkunst......................................111
Lernen beim Üben der Formen...112
Lernen bei den Partnerübungen.......................................114
Innere Kampfkunst als Übungsweg...................................118
Zusammenfassung und Reflexion nach Wilber....................119

Teil 8: Taiji im Management..**122**

Taiji für unterschiedliche Zielgruppen...............................122
Durch Taiji zu mehr Effektivität im Management................123
Nutzen von Taiji für Management und Unternehmen..........125
Taiji-Prinzipien erfahren durch Qigong und Zen................127
Innere Kampfkunst-Prinzipien erfahren durch Partnerübungen
aus dem Taijiquan..129
Zusammenfassung des Nutzens für Unternehmen und Ökono-
mie...132

Teil 9: Daoist-Sein und Christ-Sein im Westen.........................**134**

Magische, mythische, rationale und mystische Religiosität.134
Mystik wird mit Mythos verwechselt.................................135
Alle spirituellen Übungswege führen zum gleichen Ziel.....138

Nachwort...**141**

Abbildungsverzeichnis...**150**

Zitaten- und Literaturverzeichnis zu den einzelnen Teilen.......**151**

Allgemeine Literaturangaben...**157**

Glossar für Taijiquan und Qigong **170**

Glossar für integrale Spiritualität nach Wilber........................**176**

Autorenportrait...**179**

Weitere Informationen...**181**

Auch von Klemens J.P. Speer..**182**

Auch von Lotus-Press..**186**

Vorwort und Danksagung

Einige Anmerkungen zu den Inhalten des Buches möchte ich voranstellen. Die Textgrundlage zu den neun Teilen des Buches bilden Vorträge, Artikel und Skripte, die ich für meine Taiji- (Qigong- und Taijiquan-) Schüler geschrieben habe. Zum Teil wurden sie bereits in anderen Zusammenhängen veröffentlicht. Für dieses Buch wurden jedoch alle Teile überarbeitet, auf den neuesten Stand gebracht und Überschneidungen der Beiträge so weit wie möglich gekürzt. Da jedes Kapitel, beziehungsweise jeder Teil des Buches unabhängig in sich abgeschlossen und lesbar ist, waren jedoch Überschneidungen im Text nicht immer zu vermeiden. Dennoch bauen die einzelnen Kapitel des Buches aufeinander auf und ergänzen sich gegenseitig.

Zudem möchte ich auf mein erste Grundlagenbuch verweisen: „Taijiquan und Qigong – Meditation in Bewegung als Übungs- und Lebensweg". Schon die Ähnlichkeit im Titel weist darauf hin, dass dieses zweite ein Fachbuch, eine Fortführung und Vertiefung der Inhalte des ersten Buches ist. Darauf möchte ich insbesondere alle Leser aufmerksam machen.

Um den Lesefluss nicht zu unterbrechen, habe ich im Text nur ab und zu parallel die weibliche und männliche Ansprache verwendet und mich im weiteren Verlauf auf die gebräuchliche alte Form der männlichen Ansprache beschränkt. Selbstverständlich sind damit aber immer beide Geschlechter angesprochen.

Noch eine Anmerkung: Wenn im Text von Taiji gesprochen wird, ist immer Qigong und Taijiquan gemeint. Dann steht der Begriff Taiji für beide Übungswege. Nur wenn von Qigong oder Taijiquan gesprochen wird, sind explizit die unterschiedlichen Praktiken angesprochen.

Besonderer Dank gilt allen, die an der praktischen Seite des Buches mitgearbeitet haben und die Texte auf Verständlichkeit, Rechtschreibung und Grammatik immer wieder durchgelesen und dazu beigetragen haben, sie zu verbessern. Dieser Dank geht vor allen Dingen an *Martina Binnig* und auch an meine Lebenspartnerin *Kim Lühmann*. Darüberhinaus auch an meine frühere Mitarbeiterin *Ute Söhnel*, in Bezug auf die älteren Texte. Danke sagen möchte ich auch den Mitarbeitern vom Lotus-Press Verlag für Ihre große Unterstützung: *Febe Homrighausen* (Cover-Zeichung), *Anke Homrighausen* (Textkorrektur) und *Andreas Seebeck* (Verlagsleiter).

Insbesondere möchte ich mich bei all meinen Lehrern bedanken: Ohne sie wäre ich nicht dazu in der Lage gewesen, bewegte (Qigong und Taijiquan) und sitzende Meditation (Zen) zu praktizieren und diese Übungswege an andere weiterzugeben. *Prof. Klaus Künkel* hat mich in die sitzende Meditation (Vipassana) eingeführt und *Gabriele Meyer zu Schlochtern* in das Taijiquan. Ohne sie wäre mein Start in eine völlig neue Lebensrichtung nicht gelungen.

Nicht alle meine Lehrer kann ich hier aufführen, jedoch möchte ich die wichtigsten nennen und mich auch bei ihnen herzlich bedanken: für Taijiquan bei Petra und *Toyo Kobayashi, Yang Cheng He* und *Wee Kee Jin* und bei vielen weiteren erfahrenen Kollegen, für Qigong insbesondere bei *Zhi Shang Li* und meinen Qigong unterrichtenden Kollegen, für Zen insbesondere bei *Hans Ringrose, Wolfgang Kopp, Gundula Meyer* und *Willigis Jäger*. Über jeden der hier genannten müsste ich eigentlich viel mehr schreiben, um ihre Arbeit angemessen zu würdigen. Stattdessen möchte ich mich vor ihnen verbeugen und einfach danke sagen!

Einleitung

„Dem Lauf des Wassers folgen" ist eine bewährte daoistische Anweisung für die Übungspraxis, die wie folgt interpretiert werden kann: Sich dem langsamen Fluss der Übungen ganz hingeben, sich den Übungen anvertrauen, selbstvergessen dem Fluss der Bewegung folgen, in der Übung wie im Alltag. Übertragen auf das Leben heißt das, dem Lauf des Lebens folgen! Wenn ich dem Lauf des Lebens folge, leicht wie das fließende Wasser, zeigt sich dann der Weg? – Zeigt sich dann der Sinn? – Der Sinn des Lebens? "Der Lauf des Wassers" ist auch ein Sinnbild für den Weg, denn auch der Untertitel des Buches "Jeder Schritt im Dao zeigt den Sinn" führt in die Tiefe der Erfahrung der Einheit: des Nicht-Zwei, des nicht Yin und Yang, in die Erfahrung von Ganzheit.

Also mache ich mich auf den Weg, folge dem Lauf des Wassers und schaue, wohin es mich führt. Aber wie kam ich persönlich dazu, mich für einen spirituellen Weg zu entscheiden, der leicht wie das Wasser fließt? Und ist das Fließen des Wassers wirklich immer leicht?

Es waren wohl sehr merkwürdige kindliche Erfahrungen, die mich schon in sehr jungen Jahren für die Suche nach dem Sinn des Lebens öffneten. Das immer mal wieder nächtliche, stille Schweben in der Unendlichkeit des Universums, das ich wie einen fern leuchtenden Sternenhimmel erfuhr, in dem ich mich zu Hause fühlte. Von den Eltern mehrfach nachts schlafwandelnd im Haus ertappt zu werden. Träume von ungewöhnlicher Intensität: „Ich fliege durch die dunkele Nacht, entlang an Masten der Elektroleitungen, vom Wind getrieben halte ich mich an ihnen fest und kann in der Dunkelheit der Nacht die ganze Umgebung des Elternhauses glasklar sehen." Hm, was war das? – Ein Traum? Ich gehe im Elternhaus als circa. 12-Jähriger die Treppe hinunter ins Erdgeschoss. Nehme jeden Schritt ganz bewusst wahr. Ich sehe an mir hinunter und erschrecke. Ich kann meine Beine und Füße nicht sehen. Es ist Nacht. Es brennt kein Licht. Dennoch kann ich die Stufen ganz klar sehen, mich selbst aber nicht. Ich gehe durch die Wohnung im Erdgeschoss, wo ich mit meinen Eltern lebe, und kann alle Einzelheiten erkennen. Ich entschließe mich, wieder nach oben in die erste Etage zu gehen, wo mein Bett steht. Zu meiner großen Überraschung sehe ich, dass da jemand in meinem Bett liegt. Das bin ich! Ich kann sehen, dass dort mein Körper liegt. Wie selbstverständlich lege ich mich dazu und schlafe in meinem Körper weiter. Wieder ein Traum? Kann sich das Bewusstsein wirklich vom Körper lösen? War es nur ein besonders intensiver Traum? Jedenfalls war er so intensiv, dass ich nie vergessen habe!

Mein Stimmbruch kam früh, mit etwa 12 Jahren. Ich durfte in der Schule nicht mehr mitsingen, wurde ausgeschlossen, so empfand ich es. Und wieder ein Traum von besonderer Intensität, der mehrfach wiederkehrte: Ich ertrinke im Meer, sinke bis auf den Grund des Ozeans. Da war keine Angst, kein Todeskampf. Nur große Stille und Ruhe, leichtes Schweben und Versinken und die Wahrnehmung, nun bin ich tot. Was passierte da mit mir? War das normal? Ich hatte niemanden, mit dem ich darüber sprechen konnte. Die vielen katholischen religiösen Gebote waren in meiner lebendigen Kindlichkeit nicht einzuhalten. Zudem war alles Sexuelle, in Phantasien, Gedanken und Werken (auch an sich selbst), verboten. Schon wieder wurde ich ausgeschlossen, da ich Todsünden beging, war von der Kommunion ausgeschlossen und musste beichten. Es war wirklich nicht einfach, allen Ansprüchen von Elternhaus, Schule und Kirche zu folgen! Es war um das 16. Lebensjahr, „da stand plötzlich eines Nachts ein Engel neben meinem Bett", so wie man ihn in religiösen Büchern finden konnte. Eine glitzernde, leuchtende wunderschön und intensiv strahlende weibliche Gestalt mit Flügeln. Alle innere Belastung fiel mit einem Schlag für einen Augenblick ganz von mir ab, und ich fühlte mich völlig frei und unbelastet.

Dann meine Nahtoderfahrung im Alter von circa 20 Jahren bei einem schweren Autounfall: Rückwärts das ganze Leben wie in einem Film in allen Einzelheiten mit seinen hellen und dunklen Seiten noch einmal in Sekundenschnelle gesehen. Schwere lebensgeschichtliche Belastungen der Großeltern und Eltern wurden mir schlagartig bewusst. Gleichzeitig war da Licht, Liebe, Stille, Ruhe, unendliches Wissen und unendliche Klarheit. Was war das? Schon wieder ein Traum? Das Auto war ein Totalschaden, mir war dagegen körperlich nichts passiert. Am nächsten Tag fuhr ich im Auto meiner Eltern wieder zur Arbeit.

Mit 23 Jahren habe ich geheiratet. Meine damalige Frau hatte gerade ihr Abitur absolviert und ich meinen zweiten Lehrabschluss hinter mich gebracht. Wir begannen beide zu studieren, ich über den zweiten (oder war es der dritte oder vierte?) Bildungsweg an einer Fachhochschule, sie an einer Universität. Unser dritter gemeinsamer Urlaub führte uns nach Frankreich, nördlich von Bordaux an die Altantikküste. Fasziniert von den großen Dünen und vom Wellenrauschen, saß ich still und schweigend in den Dünen. Ich schaute zwischen meinen Knien hindurch auf meine Beine und Füße: „Plötzlich tat sich zwischen meinen Beinen eine sehr große und tiefe Schlucht auf, und ich selbst wurde zu einem gewaltigen Berg". Ich war damals etwa 24 Jahre alt, schon wieder ein Tagtraum? Was war das? Werde ich verrückt? Die Intensität war ungewöhnlich, sie schien nichts mit einem Traum zu tun zu haben.

Erst sehr viel später im Alter von circa 32 Jahren tauchten weitere Erfahrungen dieser Art auf. Ich hatte nach der Trennung von meiner Frau und der sich daraus ergebenen Lebenskrise eine Gestalt- und Gesprächstherapie abgeschlossen und begonnen zu meditieren. Bei einer Vipassana Meditation entstand das innere Bild einer Selbstgeburt aus einem verdorrten Baumstumpf, der sich dann in eine Seerose verwandelte - da war ich circa 35 Jahre. Dieses Erlebnis war verbunden mit vielen persönlichen Erkenntnissen. Beim Sufitrancetanz entstand ein weiteres inneres Erlebnis, ich bin eine Zelle, die mit anderen Zellen (Tänzern) zusammen einen großen Zellverband (Tanzgruppe) bildet - da war ich schon circa 38 Jahre alt. Beide Erfahrungen habe ich in meinem Buch über meine Nahtoderfahrung näher beschrieben.

Ich war etwa 38 Jahre, als eine Freundin mich auf das Buch „Das Abenteuer der Selbstentdeckung" des transpersonalen Psychologen und Therapeuten Stanislav Grof aufmerksam machte. Dort gibt es eine lange Liste mit Beschreibungen von "außergewöhnlichen Bewusstseinszuständen", von denen ich sehr viele erfahren hatte. Erst damit wurde mir voll bewusst, dass meine von mir als ungewöhnlich empfundenen "Träume" ganz normal und nicht verrückt waren und ein großes Potential und einen Anstoß zur Selbstentwicklung und Entfaltung in sich trugen. Das „Holotrope Atmen" nach Grof hat mir dann viel Unterstützung gegeben, all diese inneren Welten gut zu verarbeiten und zu verstehen.

Weitere Erfahrungen dieser Art, die ich hier nicht näher ausführen kann, habe ich in meinem oben erwähnten Buch beschrieben: die „Erfahrung von drei weiblichen Archetypen", bei einer Meditationsübung zum Yin-und-Yang-Symbol (da war ich circa 35 Jahre), die „kosmische Qi-Erfahrung" beim Üben von Taijiquan (circa mit 40 Jahre) und die Erfahrung des „kosmischen Atem" bei einer Atemübung aus dem Qigong (mit circa 43 Jahre). Die letzte Erfahrung habe ich in meiner ersten Taiji-Veröffentlichung nochmals ausführlicher beleuchtet und die für mich daraus folgende Erkenntnis interpretiert. Eine Sufi-Meditation mit Wazifas, sufischen Mantren führte mich dann später (mit circa 45 Jahren) weiter zu einer Licht- und Schattenerfahrung: „Gleißendes Licht fiel durch eine sich über mir öffnende Falltür". Das Licht bescherte mir viele weitere neue Erkenntnisse über die Licht- und Schattenseiten (Yin und Yang) meines und allen Lebens. Später dann bei einem Kurzurlaub mit einer Freundin, beim nächtlichen Erwachen, hatte ich die Erfahrung einer dunklen Wolke im Raum, die das absolut Böse, Zerstörerische und Mörderische in sich enthält, wie alle Kriege und Katastrophen der Menschheit in einer einzigen Erfahrung. Absolut grausam und unerträglich! (circa mit 47 Jahre). Ich war fassungslos und tief aufgewühlt und hatte tiefe neue Erkenntnisse über die kosmische Macht der Auflösung und Zerstörung gewonnen.

Und dann eine völlig undramatische Erkenntnis bei einer stillen Übung der sitzenden Meditation: „Das ganze Universum befindet sich in einem Ei, und das Ei ist absolut leer. Gleichzeitig sitze ich im Meditationssitz in dem Ei, bin aber gleichzeitig nicht existent. Das Ei ist von außen und innen völlig durchsichtig und transparent, also eigentlich gar nicht vorhanden. Es gibt eine Schale des Eis, doch ist sie nicht wahrnehmbar. Eine vollkommen undramatische Erfahrung.

Kaum beachtenswert! Ganz einfach: So ist das." Das war im Alter von circa. 45 Jahren. Das liegt nun also schon rund 20 Jahre zurück.

Es hat lange gedauert, um den Inhalt dieser Erfahrung voll zu erfassen und in den Alltag zu bringen. Erst circa. 10 Jahre später ist mir das mehr und mehr und nach und nach gelungen. Dennoch: Ich werde wohl ein Leben lang damit beschäftigt sein. Inzwischen ist diese Erfahrung trotz aller Höhen und Tiefen des Lebens sehr stabil. Was ist die tiefe Erkenntnis daraus? Es gibt eine Ebene der Gegenwart, die alles Innere und Äußere durchzieht und eint. Wir sind alle darin eingebunden, ob wir es wollen oder nicht, ob wir es wissen oder nicht, ob wir es erfahren haben oder nicht. Der Seher, das Sehen und das Gesehene sind eins. Tanz, Tänzer und kosmischer Tänzer sind eins. Es kann uns nichts passieren, denn „Geboren- Werden und Sterben sind das Leben", und aus dem Leben können wir nicht herausfallen.

Wach, klar und präsent: Der Vogel singt, das Eichhörnchen springt, die Bäume rauschen, die Ohren lauschen. Das ist alles!

Und dennoch braucht es oft einen langen Weg, um dahin zu gelangen! Jeder muss ihn selber gehen. Denn jeder hat seinen eigenen Weg und jeder Weg ist radikal anders. Dem Lauf des Wassers folgen, heißt, dem ganz persönlichen Weg durchs Leben zu folgen. Jedoch: Der Weg offenbart sich erst mit jedem Schritt. Und der Weg im Dao zeigt nach und nach den tiefen Sinn.

Da innerer Erfahrungen so selten beschrieben werden, habe ich aus der Fülle der eigenen Erfahrungen hier in der Einleitung einige wichtige Beispiele ausgewählt, um zu zeigen, dass es sich um normale menschliche Erfahrungen handelt, die jeder machen kann. Im Nachwort werde ich nochmal darauf zurückkommen, weil der Hauptteil des Buches u.a. dazu beitragen kann, Erfahrungen dieser Art besser zu verstehen.

Teil 1: Einfach jetzt! - Qigong und Taijiquan als Übungswege der Meditation

Woher komme ich? Wohin gehe ich? Wer bin ich? Warum bin ich hier?

Woher kommen wir? Wohin gehen wir? Wer sind wir? Warum sind wir hier - wir Menschen? Das sind die zentralen Lebensfragen, auf die alle mystischen Traditionen der großen Weltreligionen und ihre Übungswege (Yoga, Zen, Qigong, Taijiquan, Sufidrehtanz, kontemplatives „Gebet" usw.) eine Antwort suchen. Die Antwort, die sie in letzter Instanz alle geben, liegt, um es vorwegzunehmen, in der tiefen Erfahrung des Hier und Jetzt, in der Präsenz des Augenblicks, der die unmittelbare Gegenwart (jenseits von Vergangenheit und Zukunft) mit dem tiefen Seinsgrund verbindet. Wenn tatsächlich alle meditativen Übungswege auf dieses gemeinsame Ziel ausgerichtet sind, so ergibt sich die Frage: Wodurch unterscheiden sie sich? Oder anders ausgedrückt: Gibt es etwas Besonderes am Weg des Qigong und Taijiquan? Wenn nicht, dann wäre es doch egal, welchen Weg wir gehen! Dieser Frage: Warum sind wir hier? - und ihrer Verbindung zum Qigong und Taijiquan, soll in diesem Buch nachgegangen werden.

Wenn wir uns mit Fragen des Übens auseinandersetzen, hören wir einerseits immer wieder, dass es notwendig ist, über Jahre zu üben und regelmäßig auf dem Weg zu bleiben. Von vielen Lehrern werden 5, 10, 15 oder 20 Jahre und mehr als notwendig erachtet, um die tiefe Einheit mit sich selbst und dem Universum zu erfahren und in den Alltag zu integrieren. Andererseits scheint es eine Tatsache zu sein, dass es in unserer Zeit immer mehr Menschen spontan gelingt, ohne langes Üben, mitten im Alltag in die Präsenz des Hier und Jetzt zu erwachen. Ein anderes Phänomen ist, dass schwere Lebenskrisen (tiefe Ängste, ausgelöst durch Krankheit, Scheidung, Arbeitsplatzverlust) den Anstoß geben können, um in die Seinspräsenz durchzubrechen. Viele Menschen spüren dann, dass Meditation eine Hilfe sein kann, diesen Zustand der inneren Freiheit in sich zu stabilisieren.

Was können wir aber tun, wenn wir uns noch als suchend empfinden, wenn wir noch kein Erwachter Buddha sind, noch nicht in der inneren Freiheit ruhen und uns die spontane, kreative Freude des Lebens fehlt? Scheinbar gibt es doch Hürden und Hindernisse, die uns davon abhalten, in diesen Zustand zu gelangen.

Gedanken und Gefühle als Hindernisse

Der Zustand der Leere kennt keine Gedanken und kein Ich. Das Ich, das Ego und die damit verbundenen Gedanken, Selbstkonzepte und Selbstbilder sind oft ein großes Hindernis, uns in die Erfahrung der Einheit fallen zu lassen. Das Absolute, das große Nichts oder die Leere kann aber nur erfahren werden, wenn wir das rationale Denken übersteigen und es hinter uns lassen. Es geht also auf der mentalen Ebene darum, sich immer wieder klar zu machen, dass wir die höchste Erfahrung des Seins nicht mit Denken erreichen können. Da unsere ganze Kultur darauf ausgerichtet ist, dass wir uns fast ausschließlich mit unserem Denken identifizieren, müssen wir nun üben, von diesem Denken wieder loszulassen. Wir müssen üben, ein inneres Nichts zu sein und von jedem äußeren Etwas loszulassen. Dies fällt uns oft umso schwerer, je mehr wir unser Ich, unser Ego mit der äußeren Welt identifizieren: mit unserem Wissen, unserer Erfahrung, unseren geistigen (Beruf, Titel, Familie, Lebenslauf, gesellschaftliche Stellung usw.) und materiellen (Lebensstandard wie z.B. Haus, Auto, Urlaub usw.) Errungenschaften. Das alles kann wichtig gewesen sein, um ein gesundes Ich oder Ego zu erwerben. Nun gilt es aber, all dies wieder hinter sich zu lassen, um innerlich weiter wachsen und reifen zu können.

Dabei müssen wir aber darauf achten, dass wir es vermeiden, ins Gegenteil zu verfallen und uns statt an unsere Gedanken nun an unsere Gefühle hängen und uns nur noch mit Ihnen identifizieren. Dies wäre ein deutlicher Schritt zurück statt ein Schritt nach vorn. Gefühle dürfen sein und Gedanken dürfen sein, aber eine ausschließliche Fixierung auf unsere Gedanken hält uns fest, und eine ausschließliche Fixierung auf unsere Gefühle lässt uns zu einem kindlichen Wesen zurückfallen, dass das Erwachsen-Werden, ein gesundes Ich oder Ego zu werden, verweigert. Aus therapeutischen Gründen kann es vorübergehend sinnvoll sein, mit den in uns gestauten oder verdrängten Gefühlen in Kontakt zu kommen, sich mit ihnen zu identifizieren, sie wieder zu erleben, durchzuarbeiten und zu integrieren. Bei jeglichem meditativen Üben geht es jedoch darum, die Gedanken und Gefühle zu beruhigen, sie achtsam wahrzunehmen, sie nicht zu bewerten, sie loszulassen und hinter sie, in die innere Leere, in das Nichts zu schauen. Diese innere Distanzierung kann uns verwandeln und innere Entwicklung und Entfaltung ermöglichen. Symbolisch gesprochen geht es darum, „Kopf" (Verstand) und „Bauch" (Gefühle) zu beruhigen, um in den Rumpf, in das „Herz", in die „innere Mitte", in das „Nichts" zu spüren. Es geht darum, uns über unser „individuelles Sein" mit dem „universellen Sein" und der „universellen Leere" zu verbinden, um die Einheit allen Seins und Nicht-Seins zu erfahren.

Die Übung selbst als eine Hürde

Dabei spielt bei jeglicher Übung das „Wie" des Übens eine entscheidende Rolle, also auch, Ort und Zeit entsprechend den eigenen Bedürfnissen richtig zu wählen. Eine innere Einstellung von Ruhe, Stille, Gelassenheit, Selbstvergessenheit, Üben ohne Ziel (üben um zu üben) sind von großer Bedeutung. Eine sorgfältig gewählte regelmäßige Praxis kann also den Übungsweg schulen und vertiefen. Hinderlich ist dagegen, die Übungsstunden, -tage, oder –wochen mit großem Biss, radikaler Konsequenz oder gnadenloser Selbstdisziplin runterzureißen, sich verträumt oder verschlafen zu bewegen oder rumzustehen. Um ein gutes Gefühl für das richtige Üben zu entwickeln, kann ein erfahrener Lehrer sehr hilfreich sein. Neben der Einstellung zur Übung selbst spielen bei allen Übungsmethoden zwei unterschiedliche Herangehensweisen eine wichtige Rolle: Das Üben mit und das Üben ohne Fokus. Zum Üben mit Fokus gehört die Konzentration auf den Atem, auf ein Mantra, ein Koan, eine Bewegung, eine Haltung usw. Ohne Fokus zu üben bedeutet, sich auf nichts zu konzentrieren: Sitzen in Vergessenheit, Stehen und sonst nichts; Sich-Bewegen in der offenen, weiten Leere des Raums; Tanzen zwischen dem weitem Himmel und der festen Erde usw. Wichtig dabei ist, sich ganz auf eine Methode zu konzentrieren und nicht zwischen den Methoden hin und her zu springen. Dabei wird die Methode gewählt, von der wir uns am meisten angezogen fühlen, oder die, die nach einem sorgfältigen Austausch mit dem Lehrer abgesprochen wurde. Nicht jede spirituelle Tradition kennt jedoch beide Übungsmethoden. Ebenso sollten wir darauf achten, welcher Übungsweg (Yoga, Zen, Qigong, Taijiquan usw.) uns am meisten anzieht und welcher Lehrer oder Meister uns am meisten anspricht.

Das Besondere an den Methoden der Meditation im Qigong und Taijiquan

Bewegtes Qigong (nur davon soll hier die Rede sein) und Taijiquan sind Übungen im Stehen und Gehen. Das unterscheidet sie sehr deutlich von den meisten Meditationsformen im Sitzen. Nur im Yoga (aufrechte Haltung) und im Sufidrehtanz (langsames und schnelles Drehen um die eigene Achse) gibt es gewisse Ähnlichkeiten und Gemeinsamkeiten. Das Besondere beim Qigong und Taijiquan sind also die gleichmäßig mit dem Atemrhythmus langsam fließenden Bewegungen in einer aufrechten Haltung, wobei auch die Schritte sehr bewusst gesetzt werden. Es ist also möglich, von einer aktiven Art der Meditation zu sprechen, da sich der Übende nicht in eine sitzende Haltung fallen lassen kann. Er wird stattdessen in seiner bewegten aufrechten „Alltagshaltung" geschult. Dies führt zu einer intensiven Einbeziehung des Körpers in den meditativen Schulungsprozess und macht es leichter, die inneren Übungserfahrungen in das tägliche Leben zu übertragen. So können Übung und Alltag schneller als Einheit erfahren werden. Wenn die Übungen im Sinne der Traditionellen Chinesischen Medizin (TCM) zudem auf eine energetische Weise ausgeführt werden, so können auch die gesundheitlichen Aspekte beider Übungssysteme in das Üben einbezogen werden.

Eine zusätzliche Besonderheit bietet der Kampfkunstaspekt des Taijiquan in den Figuren der Formen und in den Partnerübungen (Tuishou), da er auf besonders intensive Weise die Einheit von Körper und Geist schult. Wenn auch diese Übungen mit der vollen Konzentration auf das Hier und Jetzt - im meditativen Sinne - praktiziert werden, so können auch sie bis zur Erfahrung der „Einheit mit dem Dao" und somit zur völligen Angstfreiheit führen. Angstfreiheit ist wiederum die wichtigste Voraussetzung für einen sportlichen Wettbewerbserfolg in der Kampfkunst.

Allgemeine Entwicklungsstufen in Qigong und Taijiquan

Die Entwicklung im Qigong und Taijiquan werden traditionell in Stufen beschrieben, die bis zur Einheit mit dem Dao, zur Erfahrung von Allverbundenheit führen. (Nach westlichen Erkenntnissen sollten sie besser als Entwicklungszustände bezeichnet werden – siehe im selben Teil weiter unten, unter: Parallelen zwischen mystischem Daoismus und westlicher Wissenschaft). Um das höchste und letzte (Taiji) Ziel der Übung, die Einheit von Körper und Geist (Einheit mit dem Dao) zu erreichen, sind alle Aspekte des Menschseins einzubeziehen. Diese Erkenntnis führt schon im frühen Daoismus (Milanowski) zu der Transformationskette: Körper (Jing), Energie (Qi), Geist (Shen) und Leere (Xu). Die Übungsschritte beschreiben die Schulung einer sich stetig verfeinernden und vertiefenden Wahrnehmung und Bewusstheit. Sie führen auf den verschiedenen Ebenen jeweils vom Groben zum Feinen. Dabei spielt auch die Entwicklung und Wahrnehmung der drei Dantians eine wichtige Rolle. Nachfolgend sollen sieben Entwicklungszustände oder Levels kurz skizziert werden, deren allgemeine Beschreibung als Grundlage für das Üben aller Figuren oder Formen im Qigong und Taijiquan angesehen werden kann:

1. *grobes Jing:* Das korrekte Lernen der Figuren, Bewegungsfolgen und Formen. Den Körper durch Entspannung und Loslassen (sung) von der rohen Kraft (li) befreien und weich und beweglich trainieren. Die sexuelle oder vitale Lebenskraft wecken.

2. *feines Jing:* Verfeinerung der Figuren und Formen anhand der Haltungs- und Bewegungsprinzipien. Die vitale Lebenskraft aktivieren, bewahren und verfeinern. Entwickeln der elastischen Kraft (jin).

3. *grobes Qi:* Verwandlung von *Jing* in *Qi.* Wahrnehmung des groben und breiten Fließens (flow) und Strömens der vitalen Lebenskraft *Qi.* Das *Qi* sammeln und vermehren. Lenken des Qi durch Vorstellungskraft und Aufmerksamkeit (yi). *Wuwei* (handeln ohne zu handeln – aus dem Sein), mit Gelassenheit üben und verwirklichen.

4. *feines Qi:* Verfeinerte, differenzierte und vertiefte Wahrnehmung, Sammlung, Lenkung und Abgabe des Qi durch Vertiefung der Aufmerksamkeit. *Te* (die Wirkkraft des *Dao*) - Handeln aus der Mitte entfaltet sich von innen.

5. *grober Shen:* Qi in *Shen* veredeln. Einübung der Gedankenstille durch Konzentration des Geistes auf die jeweilige Übung. Der Geist kommt zur Ruhe (rujing). *Ziran* (spontane Bewegung – körperlich und geistig) entsteht aus dem So-Sein, der Absichtslosigkeit.

6. *feines Shen:* Sich über grobes *Shen* in feines *Shen* und *Xu* ver-

senken. Mühelose Gedankenstille und Ruhe in der Bewegung. Die Leere (xu) und das Nichts erfahren und selbstvergessen in ihr ruhen. Das Herz-Bewusstsein (xin) verankert sich in der Stille der Gestaltlosigkeit (wuji).

7. *Dao*: Taiji, das „Höchste Letzte", ist erreicht: Die „Einheit mit dem *Dao*". *Yin* und *yang,* innere (subjektive) und äußere (objektive) Welt fallen zusammen, das Nichts und das Etwas, Jenseits und Diesseits, *Weisheit und Mitgefühl* sind eins, daher wird diese Stufe auch die „natürliche Stufe" benannt. Sie ist identisch mit dem 10. Ochsenbild aus dem Chan-Buddhismus: Der Meister betritt den Marktplatz des Lebens.

In der letzten Stufe wird der Übende zum/zur (meditativen) Taiji-Meister/Meisterin. Er verinnerlicht und übersteigt alle Polaritäten und transzendiert damit das Andere und das Selbst, so kann er die Integration in das Eine erreichen. Das Dao wird im Tun genauso erfahren wie im Gegenüber. Er begegnet sich immer wieder selbst in den Stärken und Schwächen der Mitmenschen. Das Herz-Bewusstsein (xin) macht den Meister sanft, freundlich, bescheiden, demütig, liebevoll, unparteiisch und neutral. Es stärkt die innere Freiheit, Lebensfreude und Kreativität, macht ihn aber auch energiegeladener und kraftvoller, wenn es sinnvoll und notwendig ist. Der Meister erweitert seine Identifikation immer mehr und bringt damit in seinem Umfeld „Himmel und Erde in Harmonie ". Er erkennt seine Einheit mit dem Kosmos, ist somit ein „Unsterblicher" geworden, da er sich mit allem identifiziert.

Der Übungsprozess über die Entwicklungsstufen von 1 bis 6 kann auch, bildlich gesprochen, als eine Vertiefung oder Verwandlung auf der Farbskala von Schwarz über die verschiedenen Abstufungen der Grauskala bis zu Weiß verstanden werden. Der Prozess verläuft nicht nur von unten (Fülle) nach oben („Schritte auf der schamanischen Himmelsleiter" bis zur Leere), sondern auch von oben nach unten. In der 7. Stufe fallen dann Körper (schwarz - yin) und Geist (weiß - yang) im Taiji-Symbol zur letzten Einheit zusammen.

Wichtig ist die Erkenntnis, dass jede höhere Stufe oder jeder weitere Level alle darunter liegenden in sich einschließt. So gesehen ist die hier beschriebene letzte Ebene keine Stufe mehr, sondern die Ganzheit an sich. Eine Entfaltung und Entwicklung des Übenden über diese sieben Schritte kann von einem erfahrenen Lehrer oder Ausbilder (Meister), je nachdem wie weit er selbst fortgeschritten ist, deutlich wahrgenommen und unterschieden werden. Dennoch werden von Anfang an Körper (jing), Energie (qi) und Geist (shen, xu) gleichermaßen geschult und trainiert. Dies führt zu einer intensiven Einbeziehung von allen körperlichen und energetischen Aspekten in den Übungsprozess. Die rein sitzenden Meditationsformen (die in erster Linie auf den Geist gerichtet sind) können dies in dieser intensiven Form nur schwerlich leisten. Dies ist mit ein Grund, warum Durchbrüche zur Leere (xu) im Qigong und Taijiquan eher selten sind, da von vornherein durch eine intensive körperliche Erdung ein überschneller „Erfolg" vermieden wird, der später lange nachgearbeitet und integriert werden müsste. Der Verwandlungsprozess im Qigong und Taijiquan - bis hin zur letzten Stufe - entwickelt sich von vorn herein eher langsam und integrativ und oft fast unmerklich, da dem Körper eine hohe Aufmerksamkeit gewidmet wird. Schüler ohne festen Lehrer neigen allerdings dazu, zwischen der 2. und 3. und der 4. und 5. Stufe den Übungsweg abzubrechen, da sie meinen, schon alles erreicht zu haben. Da sich zwischen diesen Stufen vom vorwiegend körperlichen zur vorwiegend energetischen und von der vorwiegend energetischen zur vorwiegend geistigen Wahrnehmung ihr Bewusstsein deutlich verändert, brauchen sie gerade an diesen Punkten des Weges eine klare Unterstützung und Begleitung.

Es wird in verschiedenen Richtungen und Schulen zwischen 5 und 10 Stufen oder Levels unterschieden (Chen Xiaowang: 5, Kobayashi: 6, Mantak Chia: 7, Zhi Chang Li: 8, Chen-Man Ching: 9 und Wee Kee-Jin: 10). Nach meiner Erfahrung reichen sechs oder sieben Stufen aus, um den Prozess zu beschreiben und um die Gemeinsamkeiten von Qigong und Taijiquan deutlich herauszuarbeiten.

Die Einheit von individuellem und kosmischem Qi und Xu im Qigong und Taijiquan

Im Qigong und Taijiquan ist sowohl das Üben mit einem Fokus als auch das Üben ohne Fokus bekannt. Zum Üben mit einem Fokus zählt u.a. die Konzentration auf das untere Dantien, auf die Bewegung an sich und auf die Lenkung des Qi, auch unterstützt mit Symbolen und Bildern, usw. Zum Üben ohne Fokus zählt: Sich-Bewegen und sonst nichts, Bewegung in Selbstvergessenheit, Bewegen in der offenen unendlichen Weite des Raums, usw. Die volle Konzentration auf einen Fokus oder „Punkt" kann zu einer Wahrnehmung der „vollen Offenheit, Weite und Leere" führen. Die Konzentration auf „Nichts" dagegen zur Erfahrung der „absoluten Fülle in einem Punkt". Auch hierdurch kommt die volle Einheit aller Gegensätze von Yin und Yang (Fülle und Leere) zum Ausdruck.

Weitere Übungshilfen, um die Erfahrung von Einheit, von individuellem Qi (Yinyangqi) und individueller Leere mit dem kosmischen Qi (Yuanqi) und der kosmischen Leere zu fördern, sind Partnerübungen (Einswerden mit dem Übungspartner) sowie Visualisierungsübungen zur Einswerdung mit der Natur (zum Beispiel das Aufnehmen des Qi der Bäume, der Berge, der Sonne, des Mondes, des Wassers, des Windes, der Wolken usw.) und Übungen zur Sendung oder Strahlung von Qi über den eigenen Körper hinaus (u.a. zu Stärkungs- und Heilungszwecken). Dabei kann das Üben mit Geräten (Stock, Schwert, Säbel, Fächer usw.) ebenso hilfreich sein wie die reine Vorstellungskraft. Je weiter der Übende in seiner Entwicklung fortschreitet, desto größere Bedeutung kommt dem Üben des kleinen und großen Energiekreislaufes zu, der sowohl im Stehen als auch im Sitzen oder Liegen geübt werden kann. Wer viel im Stehen und Gehen übt, wird das „Sitzen in Vergessenheit" (Zuowang) als angenehme Abwechslung und Bereicherung des Übens empfinden. Daher empfiehlt es sich, in jedes längere bewegte Üben (Übungstage, -wochen und Wochenenden) das Üben im Sitzen zu integrieren.

Die durch das „richtige Üben" (die innere Einstellung, das „Wie" zählt – siehe oben) induzierte Erfahrung der „Einheit mit dem Dao" erzeugt im Übenden eine tiefe Ehrfurcht vor der Natur, dem Leben und dem ganzen kosmischen Geschehen, sodass ein tiefes Verantwortungsgefühl entsteht, das darauf gerichtet ist, die umfassende Fülle der Natur und des Lebens auf diesem Planeten zu erhalten und die Erfahrung von „alles ist eins" weiterzugeben.

Parallelen zwischen mystischem Daoismus und westlicher Wissenschaft

Der Daoismus ist (nach Milanoswki) aus dem chinesischen Schamanismus *(Wuismus)* entstanden. Die Erfahrungen der Schamanen wurden durch die Meister des Qigong und Taijiquan im Daoismus weiterentwickelt. War die Erfahrung des Schamanen extatisch (nach außen) gerichtet, so ist die Erfahrung des daoistischen Meisters auf Entase (nach innen) gerichtet. Jedoch ist die Erfahrung der Extase im Zifagong (spontan, frei fließende Bewegung aus der Stille) im Daoismus noch vereinzelt erhalten geblieben. Die weit überwiegende Zahl der Übungssysteme ist jedoch sowohl im Qigong also auch im Taijiquan auf Entase gerichtet. Die Entase kann als eine Weiterentwicklung der Extase gesehen werden. Der Daoismus wurde sowohl vom Buddhismus als auch vom Konfuzianismus auf unterschiedliche Art und Weise beeinflusst. Insbesondere der geistig orientierte Chan (Zen)-Buddhismus hatte einen starken Einfluss auf die chinesische Kampfkunst (Shaolin-Kloster) und damit auch auf das Taijiquan und die vorbereitenden oder ergänzenden Qigong-Übungen. Der Konfuzianimus, soweit er im Daoismus aufgenommen wurde, repräsentiert die Verpflichtungen und Verantwortlichkeiten gegenüber Familie, Gesellschaft und Staat.

Dies drückt sich in der „Alltagsweisheit" vieler Chinesen aus: Der Daoismus ist für das diesseitige Leben (Gesundheit), der Buddhismus für das jenseitige Leben (Transzendenz) und der Konfuzianimus für den Staat (Pflichten gegenüber Familie und Gesellschaft) zuständig. So ist der gläubige Chinese bemüht, allen drei großen Religionen zu dienen. Wenn diese tiefe Lebensweisheit wirklich ernst genommen und ein Übungsweg beschritten wird, führt sie zu einer gesunden ganzheitlichen Entwicklung, die bis zum transzendenten non-dualen Bewusstsein reicht und die Verantwortung für das Leben, die Natur und die Gesellschaft mit einbezieht.

Die moderne Neurowissenschaft (Gehirnforschung) bestätigt nach Hilbrecht die Erfahrungen der alten Qigong- und Taiji-Meister: Meditation hat einen enormen Einfluss auf die Gehirnleistung und somit auf die individuelle Entwicklung, da sie u.a. Stress und Ängste abbaut. Auch Hilbrecht zeigt eine Stufenfolge (1 - 10) der Entwicklung auf, die parallel zu den oben dargestellten Stufen oder Zuständen gesehen werden kann. Die neurophysiologische Forschung deckt zudem Zusammenhänge zwischen Meditation, Gehirn, intensiver Körperschulung und den Spiegelneuronen (Vorbildfunktion fortgeschrittener Schüler und des Meisters) auf und stellt unter anderem fest: In Gehirnzuständen, in denen die Atmung sehr verlangsamt ist und die dem Tiefschlaf ähneln, entstehen Erfahrungen von Licht, Glanz, Leere und tiefer „Einheit mit Allem".

Die Einheit mit Allem nennt der transpersonale Bewusstseinsforscher Wilber „non-duales Bewusstsein". Es vereint die *Bewusstseinszustände:* Alltagsbewustein (materiell – grobstofflich – Betawellen 13 - 30 Hertz, Stadium der Hypnose 8 - 13 Hertz), waches Traumbewusstsein (feinstofflich – subtil – Thetawellen 4 - 7 Hertz) und waches Tiefschlafbewusstsein (kausal – leer – Deltawellen 1 – 4 Hertz) zu einem einzigen hellwachen Bewusstseinszustand (absolut – nondual – langsame Alpha- und Thetawellen und Beta- und Deltawellen). Wilber bezeichnet die oben dargestellten Entwicklungsstufen, Schritte und Levels (1-7) als „Bewusstseinszustände", die jeder Mensch erleben kann, egal auf welcher persönlichen Entwicklungsstufe er sich befindet. Je nach seinem eigenen Entwicklungsstand wird er nach Wilber seine Erfahrungen entsprechend seiner individuellen Entwicklung interpretieren. Den oben angeführten Bewusstseinszuständen können also (siehe die Angaben oben in Klammern) entsprechende Gehirnfrequenzen zugeordnet werden.

Die sozio-kulturelle Forschung hat herausgearbeitet, dass sich menschliche kulturelle Entwicklung über Stufen oder Ebenen entfaltet. Diese Stufen nennt Gebser: archaisch, magisch, mythisch, rational und integral. Dabei bezieht jede höhere Stufe (bei einer gesunden Entwicklung) die darunter liegende ein, übersteigt sie aber deutlich wahrnehmbar. Auch der spirituelle Denker und Philosoph Wilber baut auf diesem Wissen auf und bestätigt, dass sich parallel dazu auch die individuelle, psychologische Entwicklung (nach Loevinger) über Stufen entfaltet: autistisch, symbiotisch, impulsiv, konformistisch, gewissenhaft, autonom, integriert.

Die oben dargestellten Stufen bzw. Bewusstseinszustände der Übenden (die im Qigong und Taiji Stufen, Schritte oder Levels genannt werden) sollten nach Wilber auf die jeweils höchste individuelle und kulturelle Stufe der Entwicklung ausgerichtet sein, wenn der Übende einen umfassend integralen Anspruch verwirklichen möchte.

Dabei muss der Übende nicht nur an seiner inneren, individuellen und kollektiven Entwicklung (der subjektiven Seite der Werte und Normen) arbeiten, sondern auch an der äußeren, individuellen und kollektiven Seite der Entwicklung (der objektiv, wissenschaftlichen Seite der Welt und der Natur) mitarbeiten, sie im Auge behalten und mit einbeziehen. Aus dieser Betrachtungsweise ergeben sich nach Wilber vier Aspekte der Ganzheit: Das „Ich" (individuell und subjektiv), das „Wir" (kollektiv und subjektiv), das „Es Einzahl" (individuell und objektiv) und das „Es Mehrzahl", auch „Sie" genannt (kollektiv und objektiv). Bei der Betrachtung der vier Aspekte wird schnell deutlich, dass es für ein globales Gleichgewicht der Kräfte in „Ich, Wir, Es und Sie" (Selbst, Kultur, Natur und Soziales) problematisch ist, dass die innere individuelle und kulturelle Entwicklung (das Ich und Wir der Werte und Normen) weit hinter der technischen Entwicklung (das Es und Sie in Natur und Wissenschaft) hinterherhinkt. Daraus ergibt sich, dass jeder Übende aufgefordert ist, nicht nur seine individuelle Entwicklung im Blick zu haben, sondern sich auch kulturell bzw. politisch zu engagieren!

Aufbauend auf den Erkenntnissen der transpersonalen Psychologie (Stanislav Grof) und den letzten 30 Jahren meditativer Praxis und psychodynamischer Forschung im Westen, stellt Wilber deutlich heraus, dass eine wirklich tiefgreifende, ganzheitliche innere Entwicklung allein durch die meditativen Traditionen nicht gewährleistet werden kann, sondern dass in der Regel eine *psychodynamische Arbeit bzw. Schattenarbeit ergänzend* hinzukommen muss. Denn Licht oder Leere (Üben der Meditation) ist nicht ohne Schatten oder Fülle zu haben. Dazu gehören auch die dunklen Aspekte der eigenen Persönlichkeit, die durch eine psychodynamische Arbeit aufgedeckt und integriert werden können. Auch hier steht das Taiji-Symbol für die höchste Einheit. Denn die Übungswege des Qigong und Taijiquan tragen gerade durch ihre intensive Körper- und Energiearbeit dazu bei, verdrängtes psychologisches Material ans Tageslicht zu befördern, das Bearbeitung und Integration von uns verlangt. Je besser die Integration von Schattenaspekten gelingt, desto mehr Energie wird freigesetzt, die für die individuelle Entwicklung und für das Leben zu Verfügung steht.

Die Quantenphysik hat schon vor rund 80 Jahren entdeckt, dass auf der kleinsten Ebene (Welle und Teilchen oder Quantum) eine wirklich feste Materie, wie wir sie im Alltag erfahren, nicht mehr existiert. Materie ist also auf der kleinsten Ebene nicht aus Materie zusammengesetzt, sondern besteht aus, wie es der Atomphysiker Hans-Peter Dürr formuliert: Beziehungen, Formen und Gestalten, die sich nicht greifen lassen, aus Informationsfeldern, Führungsfeldern und Erwartungsfeldern, aus reiner Potentialität und Verbundenheit. Es scheint also im Großen (Makrokosmos) ähnlich zu sein wie im Kleinsten (Mikrokosmos): Mehr als 96 Prozent sind leerer Raum. Nur etwa 4 Prozent besteht aus Wellen und Teilchen. Und ob etwas in unserer Beobachtung als Teilchen oder Welle erscheint, hängt vom Beobachter und seiner Versuchsanordnung ab. Objekt und beobachtendes Subjekt (der Wissenschaftler) sind also untrennbar miteinander verbunden. Das von Quantenphysikern beschriebene Phänomen der „Verschränkung" (Nichtlokalität der Teilchen, die aber durch Strings, „mehrdimensionale Fäden", verbunden sind) macht deutlich, dass in der Welt der kleinsten Quanten die altbekannten physikalischen Gesetze nicht mehr gültig sind und wir auf nicht rational erklärbare (paradoxe) Phänomene stoßen.

Es scheint also parallele Erfahrungen zu geben: Die Erfahrung der Einheit oder des Non-Dualen in den mystischen Traditionen der Weltreligionen; die Erfahrung von nicht greifbarer, Materie, „leerem Raum" hinter allen äußeren Erscheinungen (Quantenphysik) und die Erfahrung von Licht, Glanz und tiefer „Einheit mit Allem" in der Gehirnforschung, sodass sich Mystik und Wissenschaft auf ähnlichen Erfahrungsebenen begegnen und so wieder miteinander in Kontakt und ins Gespräch kommen können.

Wer bin ich, und was ist meine Aufgabe?

Kehren wir zum Ausgangspunkt zurück: Woher kommen wir? Wohin gehen wir? Wer sind wir? Das sind die zentralen Lebensfragen. Die Antwort der Mystik lautet: Wir kommen aus dem Nichts (dem Dao) und kehren zum Nichts (dem Dao) zurück. Ich bin das Nichts und das Etwas zugleich (Taiji). Ich bin ein Teil des Dao. Daher kann mir nichts passieren (ich kann all meine Ängste aufgeben!), außer, dass ich ins Nichts zurückfalle und als neue Welle im Meer des Lebens wieder entstehe. Und was ist nun der Sinn des Ganzen? Warum sind wir hier? Was ist meine Lebensaufgabe? Meine Aufgabe ist: Lebe, denn alles ist gut, wie es ist! Entwickle und entfalte deine Fähigkeiten in voller Tiefe zum Wohle des Ganzen, denn alles ist verbesserungsfähig! *Das Leben ist also paradox!*

Freue dich über die Wunder der Natur! Tanze dein Leben als eine Note in der Unendlichkeit der kosmischen Symphonie! Staune! Sei frei! Sei eine schäumende Welle im Meer! Sei kreativ und schöpferisch! Liebe das Leben, die Welt und die Erde, und trage für sie Mitverantwortung! Denn: Transzendenz und Immanenz sind eins, Tanz und Tänzer sind eins, Ausatmen und Einatmen sind eins, Leben und Tod sind eins und auch Schüler und Meister sind eins! Es gibt nur das Eine, in dem alles Viele aufgehoben ist! Übe geduldig und bleib am Ball, so kannst du es erfahren! Jeder kann es erfahren! Wenn die Fische gefangen sind, sagen die Daoisten, braucht der Fischer das Netz (die Übungen) nicht mehr. Der ganze Alltag ist dann zur Übung auf dem Marktplatz des Lebens geworden! Sodass wir zum Dao, dem Al-leinen sagen können: Wir sind eine Seite in Deinem großem Lexikon der Weisheit und des Mitgefühls; oder: Du bist der große dunkle Schlaf, und ich bin der Traum Deines wahren Lebens!

Teil 2: Zuowang und Taiji - Sitzende Meditation zur Vertiefung

Stufen oder Ebenen der Entwicklung im Qigong und Taijiquan

Im Daoismus gibt es eine sehr lange Tradition der Meditation im Sitzen. Sie ist im Westen leider nicht so bekannt wie Taijiquan und Qigong. Die älteste heute noch lebendige Tradition Zuowang, „Sitzen in Vergessenheit", geht auf Sima Chengzhen (647 – 735 n. Chr.) zurück. Sima Chengzhen war der zwölfte Patriarch der Shàngqing-Schule des Daoismus. Er verfasste 15 Werke, von denen neun heute noch existieren.

Nach Livia Kohn, die sein Werk Zuowanglung („Abhandlung über das Sitzen in Vergessenheit") übersetzte, flossen in seinen Ausführungen über Zuowang verschiedene Methoden zusammen, und es entstand dadurch ein Höhepunkt in der Entwicklung daoistischer Meditation. Grundlagen seines Werkes waren nicht nur das Daodejing, sondern ebenso Yangsheng-Übungen, Körperschau und Visualisierungsübungen bis hin zu Einsichts- und Weisheitsmethoden des Buddhismus. Hier wird wieder deutlich, wie unbefangen der Daoismus Anregungen aus dem Buddhismus in seine Methoden aufnahm.

In Bezug auf die äußere Form ist die moderne Ausführung des Zuowang mit dem Shikantaza („Sitzen und sonst nichts") des chinesischen Chan-Buddhismus am ehesten vergleichbar. Zu den noch heute geübten Praktiken des „Sitzens in Vergessenheit" gehören nach Livia Kohn die Reinigung des Übungsortes nach Fengshui-Methoden, vorbereitende Körperübungen, eine Körperhaltung, wie wir sie aus dem Üben des „Kleinen himmlischen Kreislaufes" kennen – aufgerichtet zwischen Himmel und Erde – und das Sitzen mit gekreuzten Beinen.

Empfohlen wird eine Einstimmung auf die Meditation schon aus dem Schlaf heraus, am besten durchgeführt in den frühen Morgenstunden. Zu Beginn gleiten die mit Qi gefüllten Hände über den ganzen Körper und führen eine „Qi-Wäsche" aus. Die Augen haben keinen Fokus und die Atmung ist lang und tief. Das Dantian wird durch spiralförmige Bewegungen zentriert, und das Sitzen dauert etwa 50 Minuten. Zum „Vergessen" gibt es keine speziellen Anweisungen. Es geschieht spontan, wenn korrekt und regelmäßig geübt wird.

Zur Methode des Zuowang werden von Sima Chengzhen sieben Stufen der Entwicklung beschrieben, die vergleichbar zur Entwicklung im Taijiquan einen „Verfeinerungsprozess vom Groben zum Feinen, vom einfachen zum hoch komplexen Gewahrsein" beschreiben. Im Sinne des Zuowang: vom Körper zum Qi, zu Shen, zum Dao.

Es zeigt sich, dass sowohl Taijiquan als auch Zuowang, auch wenn ihre Methoden unterschiedlich sind, letztendlich dasselbe Ziel verfolgen: die Erfahrung der „Einheit mit Allem", der Einheit mit dem Dao. Bei meiner Beschreibung der Entwicklungsstufen des Zuowang beziehe ich mich auf die Übersetzungen und Ausführungen von Livia Kohn. Die von ihr beschriebenen Stufen werden von mir nachfolgend in Hinsicht auf das erklärte Ziel - Einssein mit dem Dao – neu beschrieben und interpretiert:

1. Grober Körper: Um das Sitzen in Vergessenheit zu üben, muss zunächst die äußere Form des Sitzens korrekt erlernt werden, damit der Übende schmerzfrei sitzen und den Körper vergessen kann. Vorbereitende Übungen dienen also dem entspannten Sitzen. Um das Ziel des Weges zu erreichen, ist bedingungsloses Vertrauen notwendig, das frei von allen Zweifeln ist und dem Weg Achtung und Ehrfurcht entgegenbringt.

Sitzen in Vergessenheit ist keine Psychotherapie. Jedoch ist es auch in der Meditation des Zuowang wichtig, Projektionen zurückzunehmen. Projektionen nennt man in der Psychologie eigene Persönlichkeitsanteile, die auf andere Menschen übertragen bzw. ihnen zugeschrieben werden.

Hilfreich ist folgende Einstellung:

- Äußerlich ein Loslassen von der Körperwahrnehmung und innerlich ein Aufgeben allen geistigen Wissens.
- Der Geist befindet sich im Dunkeln wie der Geist eines Toren (eines Narren). Er ist leer.
- Die Augen sehen, ohne zu sehen, und die Ohren hören, ohne zu hören, spüren, ohne zu spüren, und riechen und schmecken, ohne zu riechen und zu schmecken. Also alle Sinneswahrnehmungen vergessen.

2. Feiner Körper: Der Geist Xin wird in der alten daoistischen Betrachtungsweise oft als ein Teil des Körpers interpretiert. Um das Karma zu unterbrechen, wird eine Haltung von Gelassenheit und Freiheit von allem Begehren angestrebt. Dafür ist in den alten Vorstellungen ein Leben als Mönch unerlässlich, das einen Rückzug aus allen sozialen Bindungen und weltlichen Aktivitäten gewährleisten soll. Dies führt zu einer Beruhigung und zum Vergessen von Körper und Körper-Geist Xin.

Hilfreich ist folgende Einstellung:

- Sich selbst vergessen und spontan dem Lauf der Dinge folgen, Handeln ohne zu handeln – Wuwei.
- Entsage Ruhm, großen Plänen und Weisheit und mische dich nicht ein.
- Der Mund soll nichts Unrechtes sagen.

3. Grobes Qi: Wissen und Denken werden in daoistischen Vorstellungen als eine Funktion des Qi gesehen. Der Qi-Geist Xin soll gezähmt werden, indem alles Philosophieren – auch Liebe und Ideen – abgelegt wird, damit der Geist Xin zur Ruhe kommt, leer und friedvoll wird, als sei man nicht existent und man vergesse sich selbst. Das wird auch die Natur des Geistes Xin oder der wahre Geist Xin genannt.

Hilfreich ist folgende Einstellung:

- Der „gewöhnliche Geist" Xin muss fasten, muss gereinigt werden zum „wahren Geist" Xin, der mit dem leeren Geist Shen identisch ist.
- Weltliche Angelegenheiten sollen ohne Aufregung und mit Gelassenheit durchgeführt und abgeschlossen werden.

4. Feines Qi: Nachdem der gewöhnliche Geist Xin zur Ruhe gekommen ist, werden die persönliche Wesensnatur und das individuelle Schicksal wahrnehmbar, das nicht verändert werden kann. Der inneren Lösung von diesen individuellen weltlichen Angelegenheiten (die nicht bewertet werden) kommt noch einmal besondere Bedeutung zu. Dies verfeinert die innere Wahrnehmung und das Gewahrsein, sodass der Geist Xin in Frieden und Freude vergessen und gereinigt ist.

Hilfreich ist folgende Einstellung:

- Sich nicht sorgen um das, was einem im Leben nicht zugeteilt wurde.
- Sich nicht mühen um das, was das Leben nicht vermag.
- Sich einfügen in die „kosmische Ordnung" und, „dem Lauf der Dinge folgen".
- So wie Leben und Tod natürlich dahinfließen, am Rhythmus des Dao teilhaben.
- Gelassenheit inmitten des Handelns und ohne Bindung unter den Menschen weilen.

5. Grobes Shen: Wenn der Geist Xin vollständig gereinigt worden ist, beginnt die Leerheit des Geistes Shen Raum zu schaffen. Durch die wahre Betrachtung von Sein und Nicht-Sein und die Betrachtung der Mitte werden Geist und Körper weiter geklärt. So kann sich die Wirkkraft des Dao De, die wahre Tugend, entfalten. Innere Abgeschiedenheit und Ruhe verstärken sich, und Körper und Geist werden als leer erkannt und können umso leichter vergessen werden.

Hilfreich ist folgende Einstellung:

- Den Körper vergessen, das heißt, Krankheiten, Schmerz, Leid,

Begierden, Sorgen, Hitze, Kälte und Irritationen hinter sich lassen.

- Nur wenn die Dinge so angenommen werden können, wie sie sind, können sie verändert werden.

6. Feines Shen: Den Geist Shen entwickeln heißt, durch intensive Sammlung Erkenntnis und Weisheit erlangen. Erkenntnis beruht aus daoistischer Sicht auf innerer Erfahrung und Weisheit auf „Nicht-Wissen". Weisheit entspringt dem „dunklen inneren Spiegel". Innere Gelassenheit nimmt zu, und das „himmlische Licht" (Einsicht und Weisheit) strahlt nach außen. Innen und Außen werden vergessen.

Hilfreich ist folgende Einstellung:

- Bei Ärger und Wohlwollen, Hass und Freundlichkeit ebenso wie bei großer Besorgnis und „Donnerhall" die Ruhe bewahren und gelassen bleiben.
- Beim Erkennen von Vorteilen auch die Nachteile sehen.
- Innere Erscheinungen von bösen und guten Geistern gelassen hinnehmen und ihnen wenig Beachtung schenken.
- Das Erlangen des Dao kann nicht forciert werden. Es vollzieht sich von selbst.

7. Dao: Der reine Geist Shen ist fein und tief. Nur er kann das Dao erlangen und das Einssein mit dem Dao. Außergewöhnliche Fähigkeiten entstehen. In der Meisterschaft des Dao wird „Unsterblichkeit" erlangt und das „Tor zum Grenzenlosen" durchschritten. Der Körper fühlt sich leicht an, alle Krankheiten weichen, und das Leben ist voller Glück. Daher wird physische Langlebigkeit erreicht. Über das Dao kann nichts ausgesagt werden, denn alle Aussagen über das Dao schränken seine Grenzenlosigkeit ein.

Vier große Zustände in allen mystischen Traditionen

Hilfreich für das Verständnis von Zuowang, Taijiquan und Qigong als Übungswege sind einige zentrale Begriffe aus dem spirituellen Daoismus: Wuwei, De, Dao, Taiji und Meister. Die nachfolgende Darstellung kann als ein Versuch angesehen werden, den spirituellen daoistischen Stufenweg aus einem modernen westlichen Verständnis heraus zu beschreiben. Dabei kann der Begriff Wuwei in erster Linie den Entwicklungsstufen 1 und 2 zugeordnet werden, De den Stufen 3 und 4, Dao den Stufen 5 und 6 und Taiji der 7. Stufe, die eigentlich keine Stufe mehr ist, sondern das Eins-Sein beschreibt - die Einheit des Übenden mit allem, also die Realisierung der Meisterschaft.

Wuwei: Wuwei ist das zentrale Lebensprinzip im spirituellen Daoismus. Es kann wie folgt übersetzt werden: dem Lauf der Dinge folgen, handeln ohne zu handeln, aktionslose Aktion, Nicht-Tun (mit minimalem Aufwand maximale Wirkung erzielen), „bewusst sein", nichts haben oder erreichen wollen, auf den Wellen reiten, „mit dem Strom schwimmen" (aber vom inneren Wesen her), nicht eingreifen, geschehen lassen, leben und leben lassen.

Es ist eng mit den Taiji-Prinzipien „Im-Fluss-Sein" und „Loslassen" verbunden. Eine Folge sind Leidenschaftslosigkeit, Nicht-Widerstand, Gewaltlosigkeit und das Warten auf den richtigen Zeitpunkt. Es hat nichts mit Trägheit, Faulheit, Laisser-faire oder bloßer Passivität zu tun. „Das Dao tut nichts, und doch bleibt nichts ungetan." (Daodejing)

Der Weg des Wuwei, der Weg des absoluten Loslassens, führt zur absoluten Freiheit, dem Zusammenfallen aller Gegensätze im Taiji. Das Üben des Loslassens stellt also den Beginn des spirituellen Weges im Taiji dar und ist neben dem „geistigen Loslassen" oder Nicht-Anhaften an Vorstellungen, Wünschen und Konzepten immer auch ein *körperliches Loslassen* und Entspannen. Es wird in der inneren Kampfkunst als „Investieren in das Verlieren" (Zheng Manqing) bezeichnet oder als ein „Vergessen", ein „Verlernen" alter Muster und Vorstellungen. „Nach Wissen suchen heißt, Tag für Tag gewinnen, das Dao suchen heißt, Tag für Tag verlieren." (Daodejing)

De: De ist der zentrale Lebensausdruck im spirituellen Daoismus. De offenbart sich durch das Üben des Wuwei in der Stille als „himmlisches Licht", und der Adept erkennt sein „wahres Wesen". De ist eine innere höhere Kraft, die durch das rechte Üben erfahren werden kann und bei entsprechender Integration in den Alltag spontan zum Ausdruck kommt. Durch den „Übungsweg der inneren Erfahrung zur unsterblichen Seele" gelangt der Adept in der nächsten Stufe zu einem noch tieferen Erleben des Einen.

De wird übersetzt mit: die Wirkkraft des Dao (wie es sich im Menschen, der im Einklang mit dem Dao lebt, offenbart), als „wahre Tugend" (nicht moralische Rechtschaffenheit im Sinne von blindem Einhalten von Normen), als das reale, spontane Handeln aus der Mitte. Es ist im Taijiquan eng mit dem unteren Dantian, dem Bauchzentrum, dem Prinzip Zentrieren, dem Herzzentrum (mittleres Dantian – Mitte zwischen Kopf und Bauch) und dem Handeln im praktischen Leben verbunden: „Meisterung des Zufalls" (John Lilly), das, was „durch die Gnade Gottes" (Alan Watts) geschieht.

Dao: Dao, der Weg, ist das zentrale Lebensziel und der Lebensursprung im spirituellen Daoismus. Vertieft der Taiji-Adept das Üben des Wuwei, so kann er das De festigen und die volle Tiefe des Dao (den kausalen Grund) erfahren. Durch Selbstvergessenheit und absichtsloses Tun (Loslassen) tritt der Adept in die Stille ein (Rujing), im Sinne von „sich versenken", und erreicht die Übereinstimmung mit den Dingen. So kann er ihr Wesen, die Leere (Xu) im nichtdualistischen Sinne, schauen und gelangt zu großer Gelassenheit und Weitsicht.

Dao kann vielfältig übersetzt werden mit: der Weg, die Mutter von Yin und Yang, der harmonische Wandel der Natur oder das schöpferische Urprinzip, das aus sich heraus alle Dinge gebiert, erhält und wieder auflöst. Das Dao schafft die fünf Elemente und die zehntausend Dinge. Mit westlichen Begriffen interpretiert ist das Dao: Wesen, Logos, Sinn, Weltgesetz, Gottheit, der Grund allen Seins ... „Das

Dao ist das, von dem man nicht abweichen kann; das, von dem man abweichen kann, ist nicht das Dao." (Daodejing). Hat der Taiji-Adept die Einheit mit dem Dao erfahren, so ist es seine Aufgabe, diese Erfahrung in der nächsten Stufe in den Alltag zu integrieren.

Taiji: Das Taiji-Symbol ist im spirituellen Daoismus das zentrale Zeichen für die Verwirklichung der dynamischen Einheit von Yin und Yang im Alltag. Leerheit und Form, Leere und Ausdruck, Yang und Yin sind eins. Hat der spirituelle Adept das Wuji, das Dao, erfahren, erkennt er durch weiteres vertieftes Üben des Wuwei, dass alle Gegensätze zusammenfallen und eins geworden sind: Alltag und Übung, geistige Welt und materielle Welt, Himmel und Erde, die hellen und die dunklen Seiten des Lebens, Sein und Nicht-Sein, Innen und Außen ...

Taiji wird in der Regel mit „Dachfirst" oder mit „das höchste Letzte" übersetzt, aus dem alles Leben entsteht. Der Dachfirst steht symbolisch für alle Polaritäten, Yin und Yang, Mond und Sonne, Licht und Schatten, männlich und weiblich, Geburt und Tod, Erschaffung und Auflösung. Das Taiji-Symbol steht für ein dynamisches, harmonisches Fließgleichgewicht aller Polaritäten des inneren und des äußeren Kosmos.

Meister: Das Taiji-Symbol ist das Symbol für die geistige (spirituelle) Meisterschaft des Suchenden. Alles Suchen ist zu Ende. Meisterschaft heißt, angekommen zu sein. Alle Polaritäten wurden verinnerlicht und werden überstiegen, transzendiert. Dennoch ist kein irdischer Meister perfekt. Er kennt sich selbst und seine Schwächen (und erkennt sich in den Schwächen der Anderen) und ist so immer wieder neu, hält an nichts fest. Er ist verankert im Herz-Bewusstsein, in der Leere des Nichts (Wuji).

Es versteht sich von selbst, dass nicht jeder, der meint, das Taiji-Symbol verstanden zu haben, auf der höchsten Stufe angekommen ist. Etwas verstanden zu haben und die wirkliche Realisation von Qualitäten sind zwei verschiedene Aspekte. Dazu ist in der Regel ein langjähriges bzw. lebenslanges Lernen und Üben, ein An-sich-Arbeiten, erforderlich und oft reich „ein Leben" dazu nicht aus.

Vergleich der Übungswege durch Bewusstseinszustände

Der Übungsweg des Zuowang auf der einen und Taijiquan auf der anderen Seite können in Bezug auf die Bewusstseinszustände (wie bereits oben kurz beschrieben) miteinander verglichen werden:

- Wachbewusstsein – Grobstofflich (Beta-Gehirnwellen)
- Traumbewusstsein – Feinstofflich (Theta-Gehirnwellen)
- Tiefschlafbewusstsein – Kausal (Delta-Gehirnwellen)
- Non-Duales Bewusstsein – Absolut (Wechselnde Gehirnwellen)

Das Training von bewegter und stiller Meditation ermöglicht uns einen bewussten Zugang zu diesen geistigen Zuständen. Wir können trainieren, im Wachzustand, im Traumzustand und im Tiefschlafzustand voll und ganz bewusst und präsent zu sein.

Bereits im Vedanta (den Yoga-Schriften der Veden) werden diese vier Bewusstseinszustände beschrieben: Vaishvanara (Wachzustand), Taijasa (Traumzustand), Prajna (Tiefschlafzustand) und Turija („das Vierte" – überbewusster Zustand des Erwachten). Sie stammen aus den Schriften des Atharvaveda, das um das zweite vorchristliche Jahrhundert entstand. (Zu beachten ist, dass in Wilbers System die Bewusstseinszustände dem linken oberen Quadraten - subjektive innere Entwicklung (OL) - und die Stoffdichte dem oberen rechten Quadranten (OR) - objektive äußere Entwicklung - zuzuordnen sind.)

Wenn wir eine grobe Zuordnung der Entwicklungsstufen zu den Bewusstseinszuständen vornehmen, können die Stufen 1 und 2 jeweils dem Wachbewusstsein, die Stufen 3 und 4 dem Traumbewusstsein und die Stufen 5 und 6 dem Tiefschlafbewusstsein zugeordnet werden. Die Stufe 7 entspricht dann jeweils dem non-dualen Bewusstsein. Die inneren Erfahrungen entsprechen in etwa äußeren Gehirnwellenmessungen. Aus ihnen wird erkenntlich, wie weit der Übende in der Meditation fortgeschritten ist.

Über die Veränderungen der Gehirnwellen beim Üben von sitzender und bewegter Meditation gibt es bereits umfangreiche Untersuchungen. Völlig unabhängig von den Anweisungen der Übungssysteme kann ein Fortschreiten auf dem Weg der Meditation durch Gehirnwellenmessungen bestätigt werden.

Meditatives Fortschreiten kann in den unterschiedlichen spirituellen Traditionen in drei plus der letzten, also in vier Stufen beschrieben werden, so auch im Daoismus: Im Zuowang und im Taijiquan wurden die ersten drei Stufen jeweils in zwei unterteilt, sodass daraus sieben Stufen entstanden sind. Sieben Stufen in der Meditation kennen wir auch aus der Yoga-Tradition (sieben Chakren). Vier Stufen gibt es zudem in der christlichen Kontemplation (Via Purgativa, Via Illuminata, Uno Mystica, Ganzheit). Die Entwicklung im Zen wird häufig ebenfalls in vier Stufen beschrieben (Kleines Kensho, Großes Kensho, Satori und Erwachen).

Auch Livia Kohn spricht von vier Ebenen oder Graden (Körper, Qi, Shen und Dao) und Thomas Milanowski von einer Transformationskette: Jing, Qi, Shen und Xu (Leere). Dies lässt sich (sehr vereinfacht) auch in unsere Sprache übersetzt: Körper, Energie, Geist und Einheit (vergleiche hierzu Abbildung 1).

a) Vergleich der Bewusstseinszustände
bei verschiedenen daoistischen Übungssystemen

Bewusst- seins- Zustände:	*Körper* Wach- bewusstsein	*Energie* Traum- bewusstsein	*Geist* Tiefschlaf- bewusstsein	*Einheit* Non-Duales Bewusstsein
Wuismus:	Jing	Qi	Shen/Xu Wuji	Dao
Zuowang:	Körper (Xin) grob und fein	Qi (Xin) grob und fein	Shen/Xu grob und fein	Dao
Qigong - Taijiquan:	Körper (Jing) grob und fein	Qi grob und fein	Shen grob und fein	Dao
Energiepunkte in den Figuren und Formen:	Sprudelnde Quelle, Kreuzbeinpunkt	unteres u. mitt- leres Dantien, Laogong	Jadekissen, oberes Dantien	Scheitelpunkt Sprudelnde Quelle
Moderner Daoismus:	Wuwei	De	Dao/Leere	Taiji

Abbildung 1: a) Vergleich der Bewusstseinszustände

Geistige versus energetische Entwicklung

Vergleichen wir nun Zuowang einerseits und Taijiquan andererseits in Bezug auf ihre Unterschiede, so wird sehr schnell deutlich, dass die Schwerpunkte in Bezug auf die innere Orientierung sehr verschieden gesetzt werden. Zuowang hat eine deutliche Orientierung hin auf die geistigen Aspekte (Xin und Shen) und eine relativ schwache Orientierung auf die körperlichen und energetischen Aspekte des Übungsweges, während Taijiquan gerade die Aspekte Körper (Jing) und Energie (Qi) betont, und der geistige Aspekt im Vergleich zum Zuowang weniger ausgeprägt ist.

Die Methode des Zuowang bezieht sich – vereinfacht ausgedrückt – stark auf die Beruhigung und das Abschalten des Verstandes Xin (linke Gehirnhälfte) und auf eine Leerung des Geistes Shen (rechte Gehirnhälfte), wobei nicht nur die individuelle, sondern auch die gesellschaftliche Vernetzung aller individuellen geistigen Aktivitäten mit einbezogen wird. Der Weg erfordert auch über die Stufen fünf und sechs hinaus noch eine klare Anleitung und Führung.

Die Ausarbeitung der Methode des Taijiquan bezieht sich – ebenfalls sehr vereinfacht ausgedrückt – auf eine körperliche Wahrnehmungsschulung einerseits und auf ein Fühlen, Spüren und Entwickeln der energetischen Wahrnehmungsfähigkeit andererseits. Wenn der Weg bis dahin erfolgreich gegangen wurde, entwickelt sich bei einem beständigen weiterüben ein Gefühl für das Ziel des Weges und eine Anleitung ist nicht mehr erforderlich. Dies wird auch dadurch verständlich, dass der Übungsweg des Taijiquan von vornherein Körper, Energie und Geist in seiner Methode stärker miteinander in Einklang bringt.

Wie Thomas Milanowski deutlich herausgearbeitet hat, gibt es im Daoismus zwei Wege, die zur Einheit mit dem Dao führen können. Der Weg des Zuowang führt über den leeren Geist Shen zur Erfahrung des kosmischen Qi (Yuan-Qi) und das Nichts zur Einheit mit dem Dao; der Weg des Taijiquan führt dagegen über das kosmische Qi (Yuan-Qi) zum leeren Geist Shen und dann über das Nichts ebenfalls zur Einheit mit dem Dao. Obwohl beide Übungssysteme sehr unterschiedlich sind, können sie dasselbe Ziel über verschiedene Wege erreichen.

Wie ergänzen sich Taijiquan und Zuowang?

Aus der Gegenüberstellung wird deutlich, dass sich beide Übungssysteme in Bezug auf ihre jeweiligen Schwerpunktsetzungen fast auf ideale Weise ergänzen. Taijiquan betont den körperlichen und den energetischen Aspekt und Zuowang den geistigen Aspekt, sodass beide Übungssysteme sehr gut – insbesondere bei längeren Übungseinheiten (Übungswochenenden oder -wochen) – miteinander kombiniert werden können. Zum Beispiel in der Form, dass morgens und abends oder morgens, mittags und abends jeweils 15 bis 25 Minuten gesessen wird, während sonst in der Hauptsache Taijiquan geübt wird.

Es kann natürlich auch umgekehrt für das Üben des Zuowang sinnvoll sein, Taijiquan- oder Qigong-Übungen in den Übungsablauf zu integrieren. Zudem könnte dann jeder Schüler entsprechend seinen individuellen Bedürfnissen und entsprechend den Empfehlungen seines Lehrers Zuowang und Taijiquan frei miteinander kombinieren und damit seinen Übungsweg in Hinsicht auf eine integrale Entwicklung intensivieren und optimieren. Diese kombinierte Übungsweise wird leider im deutschsprachigen Raum nur von wenigen Lehrern oder Ausbildern angeboten und so praktiziert. Bereits Cheng Man-Ching hat darauf hingewiesen, dass sitzende Meditation zur Ergänzung von Taijiquan sehr hilfreich ist, wenn die Erfahrung der Einheit mit dem Dao angestrebt wird.

Beide Übungssysteme ergänzen sich aber noch auf eine andere Weise sehr gut: Sie stammen beide aus der daoistischen Tradition und Philosophie und bieten so einen gemeinsamen und durchgängigen Rahmen oder „Mantel" für daoistische Spiritualität und für einen integralen Übungsweg.

Da Zuowang im deutschsprachigen Raum kaum angeboten wird, können Schüler und Lehrer auf die buddhistische Tradition des Chan beziehungsweise Shikantaza (Sitzen und sonst nichts) zurückgreifen, da sie dem Zuowang am nächsten kommt.

Bewegen und Sitzen in der Übung und im Alltag

Je besser es im Üben gelingt, Zuowang und Taijiquan in Vergessenheit, in Selbstvergessenheit, zu praktizieren, desto leichter können diese Übungen auf jedes Sitzen und Bewegen, Atmen und Gehen und letztendlich auf jede einfache Tätigkeit übertragen werden, sodass der ganze Alltag zur Meditation wird. Denn ohne diese sofortige Übertragungsmöglichkeit wird kaum ein Meditierender in der westlichen

Welt, der sich ein klösterliches Leben nicht zutraut oder leisten kann, ausreichend Zeit aufbringen können, um seinem Übungsweg die notwendige Intensität zu verleihen. Denn diese ist erforderlich, wenn jemand erfolgreich bis zum Ziel der Einheit mit dem Dao voranschreiten möchte.

Sitzen und Bewegen in der Meditationsforschung

Die neurowissenschaftliche Forschung beschäftigt sich schon lange mit der Frage: Welche Auswirkungen haben bewegte und sitzende Meditation auf den Menschen? Der sitzenden Meditation ist bei den Untersuchungen bisher der Vorzug gegeben worden. Leider sind die Untersuchungen über Qigong und Taijiquan noch nicht so fortgeschritten, dass darüber allgemein anerkannte Aussagen getroffen werden können. Dennoch können einige interessante Aspekte zu diesem Thema aufgezeigt werden.

Heinz Hilbrecht beschreibt in seiner Zusammenfassung über die neurowissenschaftliche Forschung zum Thema „Meditation und Gehirn" aus dem Jahre 2010 das menschliche Gehirn in einer Arbeitshypothese als einen gigantischen Computer, in dem alle Wahrnehmungen des gesamten Lebens abgespeichert sind und sich die gesamte Erfahrung der Evolution niedergeschlagen haben könnte. Alle sinnlichen Erfahrungen, die wir über Sehen, Hören, Riechen, Schmecken oder Fühlen wahrgenommen haben, sind nach seiner Auffassung möglicherweise im Gehirn abgelegt.

Das Gehirn arbeitet ähnlich, so Hilbrecht, wie die gesamte Rechenleistung und Speicherfähigkeit des Internets, wie ein Netzwerk von Computern, denn „im menschlichen Gehirn gibt es ungefähr 100 Milliarden Nervenzellen mit etwa 100 Billionen Verbindungen untereinander". Wenn wir also bedenken, dass das menschliche Gehirn ein „Spiegelbild" der gesamten Evolutionsgeschichte vom Urknall bis zum heutigen Tag abgespeichert haben könnte und seine Erfahrungen sogar bis vor den Urknall zurückreichen könnten, so wird die schier unfassbare und „grenzenlose" Kapazität des Gehirns deutlich. Aus diesen „grenzenlosen" Möglichkeiten des Gehirns leitet Hilbrecht die „göttlichen Einheits-Erfahrungen" in der tiefen Meditation ab. Tiefe Meditationserfahrungen liefern uns scheinbar einen Zugang zu den sonst unbewussten Möglichkeiten unseres Gehirns, die wir dann als so umwerfend und außergewöhnlich erfahren, dass sie oft als „außersinnliche" beziehungsweise „göttliche" Wahrnehmung interpretiert werden.

Dieses kurze Vorstellungsbild über die Leistungsfähigkeit des Gehirns soll verdeutlichen, wie wenig bisher die wissenschaftliche Forschung über das Gehirn wirklich weiß und wie wenig uns im Alltag die Möglichkeiten unseres Gehirns bewusst und zugänglich sind. Meditation hat offenbar die Wirkung, die Leistungsfähigkeit des Gehirns mehr und mehr zu erschließen, das Unbewusste mehr und mehr bewusst zu machen. Daher ist die verblüffende Wirkung der Meditation, die auch wissenschaftlich bestätigt wird, nicht mehr verwunderlich.

Meditation erhöht, nach Hilbrecht, die Leistungsfähigkeit des Gehirns, baut nicht nur Stress und Ängste ab, sondern wirkt sich auch positiv auf die emotionale Stabilität, das emotionale Gleichgewicht und die Entwicklung der gesamten Persönlichkeit aus. Sie stärkt das Immunsystem und damit die Widerstandskraft gegen Infektionskrankheiten. Meditation wirkt Krankheiten allgemein entgegen. Sie kann, so Hilbrecht, Schuppenflechte, Fibromyalgie, rheumatische Arthritis, Typ-2-Diabetes und chronische Rückenschmerzen, Schmerzen und chronischen Krankheiten deutlich lindern und in bestimmten Fällen sogar heilen und führt dadurch zu einer Verbesserung der Lebensqualität. Das Erlernen und die exakte Ausführung der Meditation in Bewegung aktiviert das Gehirn und verlangsamt den Alterungsprozess. Die Weisheit alter Menschen mit langen Meditationserfahrungen ist in Asien allgemein anerkannt.

Entscheidend ist, dass es durch das regelmäßige Üben der stillen und bewegten Meditation gelingt, dass das vegetative Nervensystem vom Sympathikus auf den Parasympathius, von Anspannung auf Entspannung umschalten lernt. Dadurch kommt es zur Aktivierung der Selbstheilungskräfte.

Meditation kann jedoch auch Krisen auslösen, daher ist die Begleitung durch einen erfahrenen Lehrer sehr wichtig. Die Aktivierung der „Spiegelneuronen" durch Meditation in der Gruppe, bewirkt ein schnelleres Lernen, insbesondere unter der Anleitung eines erfahrenen Lehrers oder Meisters.

Meditation erweitert bis ins hohe Alter die Möglichkeiten des Gehirns, lässt neue Nervenzellen und den orbitofrontalen Kortex, den materiellen Repräsentanten des „dritten Auges" wachsen und lässt uns besser „sehen" und, was ganz wichtig ist: Sie eröffnet uns den Zugang zu unserer inneren Stimme, da sie das „laute" Denken beruhigt und dadurch die innere Stimme „hörbar" wird. Die innere Stimme ist wie ein innerer Wegweiser durchs Leben, die uns die „gigantische unbewusste Rechenleistung" unseres Gehirns bewusst präsentiert. Dieser innere Wegweiser wird jedoch nur in der stillen Meditation „hör- oder sehbar".

Auch durch diese wissenschaftlichen Erkenntnisse wird deutlich, wie hilfreich sitzende und bewegte Meditation für die menschliche Entwicklung und Entfaltung sein kann. Dabei können unbewegte (Zuowang, Daochan) und bewegte (Qigong und Taijiquan) Meditation sich gegenseitig unterstützen, verstärken und ineinander greifen, wenn sie sinnvoll miteinander kombiniert und eingesetzt und durch einen erfahrenen Lehrer oder Meister begleitet werden.

Die Speicherfähigkeit des Gehirns mag gigantisch sein und es mag die objektive Möglichkeit haben, riesige Mengen an Daten und Erfahrungen aus dem persönlichen menschlichen Lebenslauf aufzunehmen. Inwieweit das menschliche Gehirn aber auch die gesamte Evolutionsgeschichte vom „Urknall" bis zur Gegenwart speichern kann, ist eine offene und spannende Arbeitshypothese. Möglicherweise docken die Nervenzellen und Neuronen über Wellen und Teilchen, über die Quanten direkt im „Nichts" an und holen oder aktivieren die „Welt der subjektiven Einheitserfahrung" aus einem nur über die Quantenphysik beschreibbaren Hintergrund, in dem Subjekt und Objekt nicht mehr zu trennen sind. In der Quantenphysik wird deutlich, dass Materie nicht wirklich aus Materie zusammengesetzt ist (Hans Peter Dürr), sondern dass es einen „alles durchziehenden und miteinander verbundenen schwer fassbaren Hintergrund" gibt, der alles kreiert und wieder vergehen lässt: Das kosmische Spiel oder der kosmische Tanz, in dem wir uns als Mittänzer, Getanzter und „großer kosmischer Tanz" gleichzeitig erfahren können.

Teil 3: Taiji und Gefühle

Qi und Gefühle im frühen Daoismus

Schon sehr früh fand im Daoismus eine Auseinandersetzung mit den menschlichen Gefühlen statt. Dabei bezogen sich die frühen Weisen des Daoismus auf das Wissen des weit vor unserer Zeitrechnung liegenden chinesischen Schamanismus. Die Erfahrungen und das Wissen um die Gefühle des Menschen stammen also aus archaischen und magischen Zeiten und sind eng verbunden mit dem sehr vielschichtigen Schriftzeichen „Qi". Qi bezeichnet, in westlichen physikalischen Begriffen beschrieben, sowohl Festes wie Flüssiges und Gasförmiges. Qi wird daher u.a. übersetzt mit „kochender Reis", "Dampf" und „Atmosphäre" und ist somit zwischen Sichtbarem (Nahrung) und Unsichtbarem (Göttlich-Numinosem) angesiedelt. Gundula Link schreibt dem Qi drei vorrangige Eigenschaften zu: „Erstens, Qi ist eine dem gesamten Kosmos zugrunde liegende Antriebs- und Lebenskraft. Dies setzt zweitens Dynamik voraus, mit anderen Worten: die Wandlungen des Qi zwischen den Polen Verdünnung/Zerstreuung/Leere auf der einen und Sammlung/Verdichtung/Fülle auf der anderen Seite. Drittens in der Nähe des Yang-Pols (Zerstreuung) ist Qi fließend, weich und durchdringend, unsichtbar zwar, und doch spürbar präsent; in der Nähe des Yin-Pol (Verdichtung) ist Qi gestaltet und gefestigte Form, tast- und sichtbar." [1]

Das komplementäre Denken zwischen den Qi-Polen Yin und Yang im Daoismus prägt auch die Auseinandersetzung mit den menschlichen Gefühlen. Gefühle (Qing) werden einerseits den inneren objektiven menschlichen Organen zugeordnet (dem festen Yin-Pol), andererseits den subjektiven menschlichen und zwischenmenschlichen Wahrnehmungen (dem unsichtbaren Yang-Pol). Dem zwischenmenschlichen Bereich der Gefühle kommt im chinesischen Denken eine besondere Rolle zu, das „Sein-für-anderes", so Gundula Link, hat Vorrang, vor „An-und-für-sich-Sein". So gesehen sind Gefühle (gehemmte, angemessene oder harmonische) und Emotionen (unangemessene oder störende Gefühle) Aspekte oder Eigenschaften des Qi. Das menschliche Trieb-, Gefühls- und Emotions-Leben entfaltet sich aus der Sicht früher daoistischer Schriften zwischen den Polen oder Uraffekten:

- Zuneigung (Hao), Freude (Xi), Heiterkeit (Le).
- Abneigung (Wu), Zorn (Nu), Kummer (Ai).

Später wird dann weiter differenziert:

- *Zuneigung/Anziehung:* Freude und Lust (Xi), Heiterkeit (Le) und Liebe (Ai).
- *Abneigung/Abstoßung:* Trauer (You) und Kummer (Ai), Furcht (Ju) und Zorn (Nu).

Aber auch weitere Gefühle und Emotionen werden genannt:

- Hass (Wu) und Begehren (Yu), Grübeln (Si) und Schrecken (Jing),
- Beunruhigung (You) und Schwermut (Yu).

Vergleiche hierzu auch <u>Abbildung 2</u>. Interessant ist zudem die frühe Zuordnung von termischen Empfindungen zu den Polaritäten Zuneigung und Abneigung, die von Dong Zhongshu (ca. 179-104 v. Chr.) vorgenommen wurde: [2]

- Zuneigung = Wärme, Freude = Hitze
- Abneigung = Kühle, Zorn = Kälte

Auch hier geht es im Sinne der Lebenspflege (Yangsheng) darum, Yin und Yang ins Gleichgewicht zu bringen.

Im Rahmen der Entsprechungsmedizin, der fünf Wandlungsphasen Wu Xing (Wasser, Holz, Feuer, Erde und Metall), werden die Gefühle dann später der Fünferzahl zugeordnet. Diese Zuordnungen sind keinesfalls immer einheitlich. Nach dem chinesischen Verständnis wirken sich insbesondere die Emotionen *Freude, Zorn, Grübeln, Trauer und Furcht* negativ auf das Wohlbefinden aus. Dabei geht es immer um ein „Zuviel oder Zuwenig", um ein „Überschäumen" oder um ein „Gehemmt-Sein". Aber auch ein zu langes (zeitliches) „Verharren oder Festhalten" an einem Zustand kann ebenso schädlich sein wie ein zu langes „Wegschieben oder Nicht-wahr-haben-Wollen". Ein harmonischer Gesundheitszustand (alle polaren Qi-Aspekte pendeln sich immer wieder von selbst auf einen Gleichgewichtszustand ein) im Sinne der chinesischen Medizin entsteht durch den „natürlichen Lauf der Dinge" und durch das „nichtgewaltsame Eingreifen".

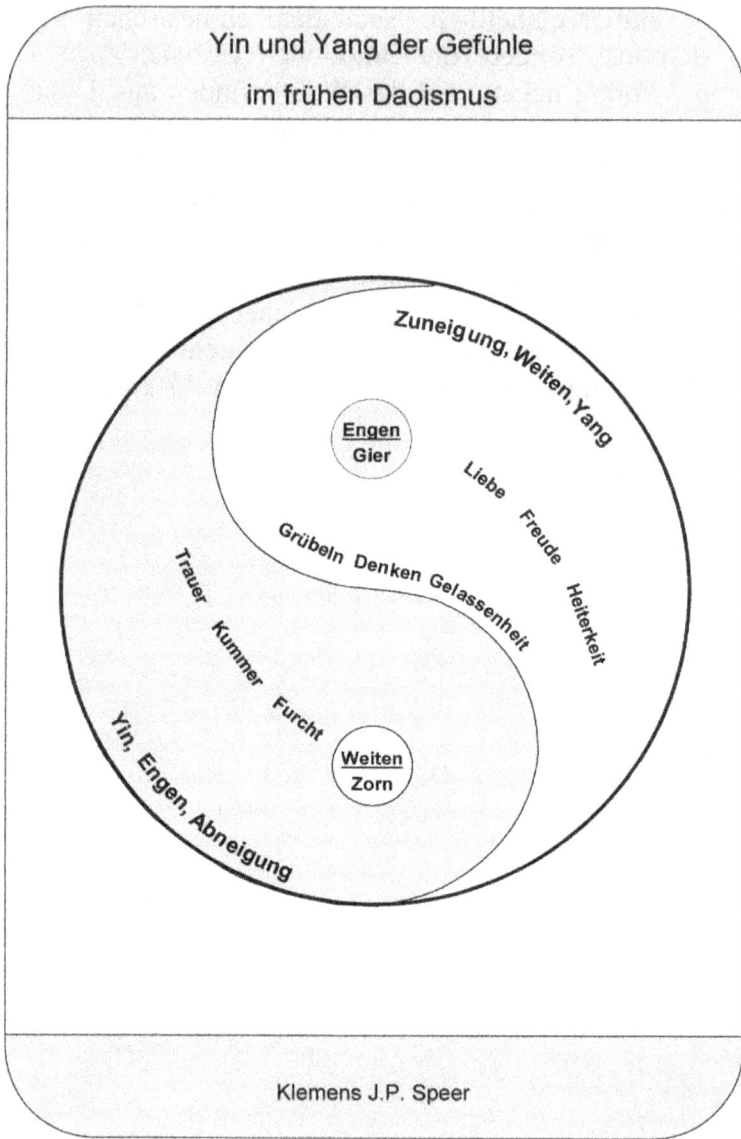

Yin und Yang der Gefühle
im frühen Daoismus

Zuneigung, Weiten, Yang

Engen
Gier

Liebe   Freude   Heiterkeit

Grübeln Denken Gelassenheit

Trauer   Kummer   Furcht

Weiten
Zorn

Yin, Engen, Abneigung

Klemens J.P. Speer

Abbildung 2: Yin und Yang der Gefühle im frühen Daoismus

Qi und Gefühle in der heutigen TCM und im Taiji

Im Rahmen des Taiji (Taijiquan und Qigong) spielt die Zuordnung der Gefühle zu den polaren Aspekten Ruhe und Bewegung, Einengen und Weiten, Yin und Yang eine wichtige Rolle:

- *Yin:* Ruhe, Fülle, Verdichtung, Sammlung, Einengen, Schließen, Abstoßung
- *Yang:* Bewegung, Leere, Zerstreuung, Verteilung, Weiten, Öffnen, Anziehung

Einhergehend mit den ruhig fließenden Bewegungen im Rhythmus von *Yin* und *Yang* kommen auch Energie, Gefühle und Geist in Bewegung. Triebe, Gefühle und Emotionen sind körperlich, energetisch und geistig gespeichert und werden über die Haltungs- und Bewegungsprinzipien des Taiji beeinflusst und harmonisiert. Die geistig-energetische-körperliche Verfassung spiegelt sich im Hiersein, Dasein, Präsentsein, in der Haltung und in den Bewegungen wider. Das langsam fließende Sich-Bewegen im Rhythmus des Atems, in den Formen des Taiji, harmonisiert das Yin und Yang der Gefühle. Die Gefühle sind in der Traditionellen Chinesischen Medizin den inneren Organen (und zwölf Meridianen) und damit den fünf Wandlungsphasen zugeordnet:

Yin - Abneigung (Komprimieren, Einengen, Schließen):
- *Feuer:* Hysterie, Begierde, Lust, Sehnen, Ungeduld, Unruhe
- *Erde:* Grübeln, Sorge, Zweifeln
- *Wasser: Furcht,* Angst, Schrecken
- *Metall: Trauer*, Kummer, Depression, Klagen
- *Holz: Wut,* Ärger, Schuld, Scham

Weiten (Feuer):
- Aggression/Tod: Hass (Auflösung), Zorn (Abstoßen), Befreien, Todestrieb, Thanatos (siehe weiter unten)

Yang – Zuneigung (Expandieren, Weiten, Öffnen):
- *Feuer: Freude,* Liebe, Glück, Heiterkeit, Mitgefühl, Herzlichkeit
- *Erde: Denken,* Offenheit, Harmonie, Vernunft
- *Metall:* Gelassenheit, Zuversicht, Großzügigkeit
- *Wasser:* Mut, Vertrauen, Freisein
- *Holz:* Kreativität, Tatkraft, Intuition, Fantasie

Engen/Einengung (Feuer):
- Leben/Sexualität: Gier (Zuneigung), Gier (Anziehung), Festhalten/Haften, Sexualtrieb, Eros (siehe weiter unten)

Nachfolgend die Zuordnungen der inneren Organe und der dazugehörigen Energieleitbahnen (die nach den Organen benannt sind) zu den fünf Wandlungsphasen:
- *Feuer:* Herz, Dünndarm, Drei-Erwärmer, Herzbeutel
- *Erde:* Milz, Magen
- *Metall:* Lunge, Dickdarm
- *Wasser:* Niere, Blase
- *Holz:* Leber, Galle

Bewegungsqualitäten in der TCM [3] nach den fünf Wandlungsphasen:
- *Feuer:* zerstreuend, verteilend
- *Erde:* ausgleichend, zentrierend
- *Metall:* absteigend, absenkend
- *Wasser:* zusammenziehend, zusammenhaltend
- *Holz:* aufsteigend, hebend

Bewegungsrichtungen (bzw. fünf Schrittarten) und Haltungs- und Bewegungsprinzipien im Taiji nach den fünf Wandlungsphasen:
- *Feuer:* Nach rechts, Zentrieren, Senkrecht, Waagerecht
- *Erde:* Stabilisieren, Sinken, Nach unten, Drehen, Fülle
- *Metall:* Vordringen, Loslassen, Entspannen, Leeren
- *Wasser:* Nach links, Fließen, Horizontal, Welle, Rhythmus
- *Holz:* Zurückweichen, Aufrichten, Vertikal, Wachsen

Durch die polarisierenden Bewegungen des Taiji, das Vor und Zurück, Nach-Links und Nach- Rechts, das Heben und Sinken, das Füllen und Leeren (durch die Gewichtsverlagerung), das Drehen aus der Mitte und das Fließen der Bewegung im Atemrhythmus, kommt der ganze Mensch (Körper/Energie/Geist) mit all seinen Organen und Gefühlen in Bewegung. Es findet ein inneres „Massieren", Erwärmen, Entspannen und Harmonisieren der Organe und der mit ihnen verbundenen Gefühle statt, was auch als ein Reinigungsprozess verstanden werden kann.

Die traditionelle Zuordnung krankmachender Emotionen in der TCM (oben in der Tabelle jeweils *kursiv* gesetzt) zu den fünf Wandlungsphasen Wasser *(Furcht)*, Holz *(Wut)*, Feuer *(Freude)*, Erde *(Grübeln) und* Metall *(Trauer)* wurde in der oben stehenden Tabelle deutlich erweitert. Von besonderer Bedeutung ist hierbei die Unterteilung der Gefühle in eine körperlich einengende oder zusammenziehende (komprimierende) und eine weitende oder öffnende (expandierende) Wirkung. Gefühle, die eher als *unangenehm* empfunden werden, verursachen eine *komprimierende* körperliche Empfindung. Gefühle dagegen, die als *angenehm* empfunden werden, verursachen eine *expandierende* körperliche Empfindung. Da die Beschreibung und Deutung von einzelnen Gefühlen ein sehr komplexes Thema ist und sehr vom jeweiligen individuellen und kulturellen Hintergrund geprägt wird, soll hier auf eine nähere Beschreibung verzichtet werden.

Die in den beiden Tabellen *Yin - Abneigung* und *Yang - Zuneigung* aufgelisteten Gefühle (ergänzend zu den chinesischen Entsprechungen) beziehen sich auf unseren kulturellen deutschsprachigen Hintergrund. Sie sollen verdeutlichen, dass über das Bewegungssystem des Taiji der gesamte Gefühlshaushalt eines Menschen angesprochen und harmonisiert werden kann. Insbesondere im Taijiquan wird durch ein ständiges Öffnen und Schließen, Weiten und Einengen im Bewegungsfluss immer wieder der gesamte Gefühlshaushalt im Atemrhythmus „massiert" und entspannt.

Die Differenzierung der Gefühle in Yin (unangenehme)- und Yang (angenehme)-Gefühle, vor dem Hintergrund unseres eigenen sprachlichen Empfindens, trägt dazu bei, zu verstehen, dass *jedes Zuviel und Zuwenig die Gefühlswelt aus dem Gleichgewicht bringt* und wie wichtig es ist, den eigenen Gefühlshaushalt deutlich wahrzunehmen (zu spüren, zu fühlen, zu empfinden) und ihn ausdrücken zu können. Zudem wird klar, welche relativ geringe Bedeutung die TCM dem Verstand und der Ratio für die energetische Gesundheit beimisst. Es wird aber auch deutlich, dass ein Zuviel an Denken, Grübeln und Sorgen den freien Fluss der Gefühle blockiert und zu Krankheit führt.

In den ersten beiden Tabellen wird dargestellt, dass sich in den Wandlungsphasen zwischen den Elementen Holz und Feuer (Holz nährt Feuer/Feuer löst Holz auf) in beiden Kreisläufen (Yin-Abneigung und Yang-Zuneigung) eine sich stark verändernde und sich ins Gegenteil verkehrende Dynamik (von Zerstörung oder Erschaffung) entstehen kann. Ist Yin auf seinem Maximum der Einengung (Kompression) angekommen, so kann eine starke Gegendynamik des Yang in Richtung Befreiung (Expansion - Holz nährt Feuer), Wut, Zorn, Hass, Aggressivität, Zerstörung und Tod entstehen, die Sigmund Freud [4] den Todestrieb (Aggressions- bzw. Destruktionstrieb - Thanatos) nennen würde. Ist dagegen Yang auf seinem Maximum der Weitung (Expansion) angekommen, so kann eine starke Gegendynamik des Yin in Richtung Einengung (Kompression - Feuer löst Holz auf), Anhaften, Festhalten, Gier, Sucht, Sex und Erschaffung (Zeugung) entstehen, den Freud den Sexualtrieb (Lebenstrieb - Eros) nennen würde. Die tiefe Dynamik der beiden Urtriebe (Eros und Thanatos) mobilisieren das Rad der Gefühle und setzen es in Bewegung. Vergleiche hierzu auch Abbildung 3. Im Taiji geht es darum, diese beiden Urkräfte und damit den gesamten Gefühlshaushalt zu harmonisieren, ins Gleichgewicht zu bringen und zu transzendieren. Im philosophischen Sinne schafft, nach Freud, der Eros größere Einheiten, während Thanatos Einheiten auflöst. Eros wird als integrierende, konsolidierende, zusammenziehende, erhaltende und vitalisierende Kraft gesehen und Thanatos als differenzierende, trennende, auflösende, negierende und lebensfeindliche Kraft. Nach meinem persönlichen Verständnis können allerdings sowohl dem Todestrieb als auch dem Sexualtrieb im Sinne von Lebensauflösung und Lebensschaffung positive (lebensfördernde) wie negative (lebensfreindliche, destruktive) Kräfte innewohnen.

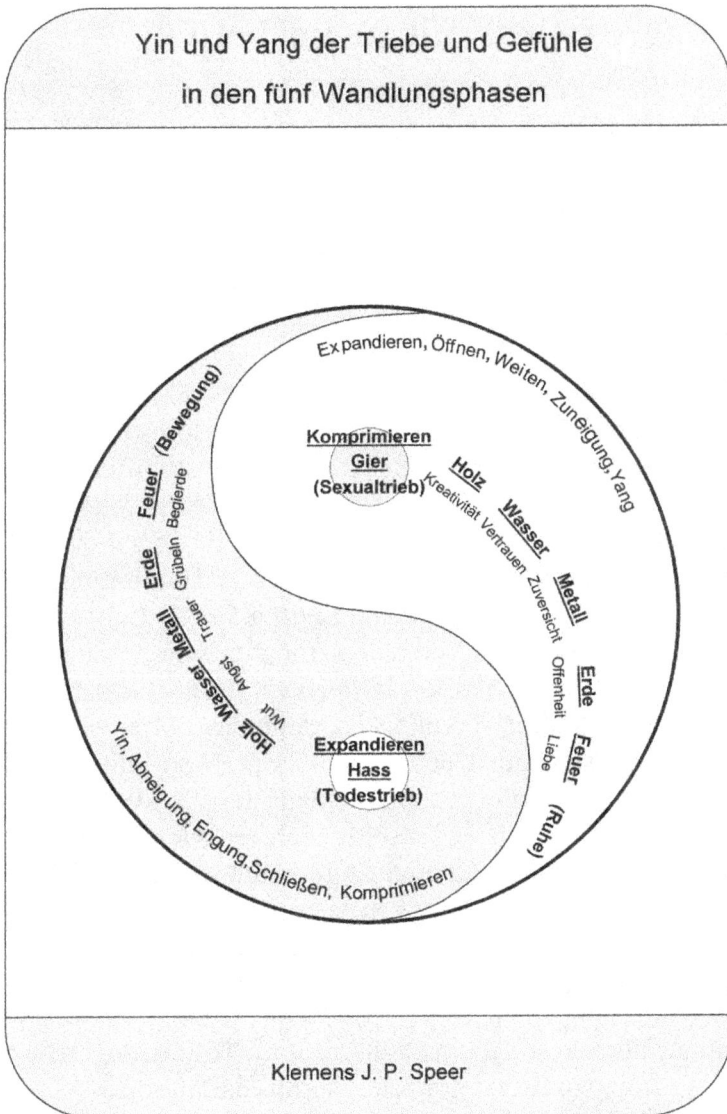

Yin und Yang der Triebe und Gefühle in den fünf Wandlungsphasen

Komprimieren
Gier
(Sexualtrieb)

Expandieren, Öffnen, Weiten, Zuneigung, Yang

Feuer (Bewegung)
Erde Grübeln Begierde
Metall Trauer
Holz Wasser Wut Angst

Holz Kreativität
Wasser Vertrauen
Metall Zuversicht
Erde Offenheit
Feuer (Ruhe) Liebe

Expandieren
Hass
(Todestrieb)

Yin, Abneigung, Engung, Schließen, Komprimieren

Klemens J. P. Speer

Abbildung 3: *Yin und Yang der Triebe und Gefühle in den fünf Wandlungsphasen*

57

Das höhere Feinstoffliche im Taiji

Wie wir gesehen haben, steht das Schriftzeichen „Qi" für die Verbindung zwischen der stofflichen und nichtstofflichen Welt, zwischen Materie und absolutem Geist (GEIST nach Wilber). Je mehr der Begriff des Qi für den sogenenannten „höheren feinstofflichen oder nicht-stofflichen" Bereich verwendet wird, desto schwerer ist er mit Worten zu fassen. Gundula Link spricht in diesem Zusammenhang von „göttlichen und anderen Atmosphären", die im Chinesischen auch mit „Wolken", „Wind" und „Regen" beschrieben werden und auf den Urgrund allen Seins (das *Dao*) hinweisen sollen. Mit „numinosen, kosmischen Gefühlsatmosphären und -stimmungen" benennt sie eine göttliche Wirkkraft, die sich im Inneren manifestiert und im Äußeren sichtbar wird und in Erscheinung tritt. *Qi* hat daher auch die Bedeutung von „Dampf", „Hauch", „Äther", „Temperament" im Sinne von „Ausstrahlung", „kosmische Energie" und „Lebenskraft".

Um das Zeichen *Qi* zu verstehen, müssen wir uns immer wieder verdeutlichen, dass systemisches Denken (Sein-für-anderes) tief in der chinesischen Kultur verankert ist, denn das „Miteinander der Wesen und Dinge" steht im Denken und Empfinden immer im Vordergrund. Dies wird u.a. durch den Kreislauf der fünf Wandlungsphasen oder Elemente, die sich gegenseitig nähren oder unterdrücken und dem Naturkreislauf des Lebens abgeschaut wurden, dokumentiert. Die fünf Wandlungsphasen waren schon etwa 300 v. Chr. bekannt. Die Lehre von Yin und Yang, in der es ebenfalls immer um „Relationen" geht, hatte sich da schon bestens bewährt.

Der Daoist, der nach Verwirklichung und Vollendung strebt, bringt Yin und Yang ins Gleichgewicht, harmonisiert seine niederen und höheren Gefühle (Qing) im Gleichgewicht der Wandlungsphasen. Er vermeidet Schuld- und Schamgefühle, indem er Völlerei, Trinklust und Profitgier unterlässt, Geschwätzigkeit, Jähzorn und Gleichgültigkeit meidet und sich vor Misserfolgen hütet. So geht er Stigmatisierung und Verstoßung aus der Gemeinschaft aus dem Weg, arbeitet an seiner „Selbstkultivierung" (auch Selbstachtung und im Sinne eines friedlichen Miteinanders) und an seiner „Selbstbeschränkung" (nicht im Sinne von Verzicht, sondern im Sinne von höherem Genuss). Indem er angemessen mit dem Leben und seinen Gefühlen sowie mit den Dingen des Alltags haushaltet (Wuwei - nicht anhaften), kommt er zum Einklang mit dem Dao und kann sich den höheren Tugenden (de - der inneren Kraft), dem Handeln aus der Mitte zuwenden. Für den Daoisten ist die Mitte ein Zustand, in dem kein beunruhigendes Begehren und keine störenden Emotionen auftauchen. Im Einssein mit dem Dao entfallen alle Differenzierungen und alle Wünsche, denn emotionale Verstrickungen und Geschäftigkeit wurden aufgegeben. Jeder wahrhafte Adept sollte in diesem Sinne ein „Berufener" sein, der Werte wie Angemessenheit, Bescheidenheit und Barmherzigkeit ebenso pflegt wie Gerechtigkeit, Güte, Rechtschaffenheit, Sittlichkeit und Urvertrauen in das Leben (das Dao), da er die Gemeinsamkeit mit allem Seienden erkennt. So gelangt er zu Weisheit und Mitgefühl (die höchsten buddhistischen Tugenden), die einen „Unsterblichen" durch seine alltägliche, sanfte und gelassene Heiterkeit und Heiligkeit (im Sinne von heilbringendem Wirken) auszeichnen.

Teil 4: Innere Entwicklung und daoistische Begriffe im Taiji

Daoistische Schriftzeichen (Symbole, Zeichen oder „Bilder") werden hier in der Pinyin-Umschrift wiedergegeben. Die chinesische Bildsprache wird durch diese Umschrift in eine für uns sprechbare Lautschrift übertragen (daher sprechen wir von daoistischen Begriffen). Daoistische Schriftzeichen sind jedoch Bilder, die wir durch die Übersetzung in Begriffe in ihrer Bedeutungsvielfalt verkürzen. Die Vielschichtigkeit dieser Bildsprache ist für uns Westler zudem oft schwer verständlich. Sie lässt sich also in der Regel nicht eins zu eins in das westliche, durch das rational-naturwissenschaftliche geprägte Weltbild übertragen und verstehen, da sie oft vielfältige Aspekte ausdrückt, die sowohl religiös (mythisch), sachlich (rational) als auch spirituell (mystisch) geprägt sein können. Viele Schriftzeichen können also gleichzeitig auf sehr unterschiedlichen Ebenen verstanden und interpretiert werden.

Nachfolgend soll der Versuch unternommen werden, einige wichtige daoistische Bilder und Bezeichnungen (Begriffe, Termini), die für Taijiquan und Qigong als geistigem Übungsweg von Bedeutung sind, vor dem Hintergrund des integralen (ganzheitlichen), neunstufigen Modells der Entwicklung nach Wilbers zu beschreiben und zu interpretieren.

So wie sich über die Jahrhunderte und die Jahrtausende die chinesische Sprache und Kultur weiterentwickelt hat, so ist es auch im Westen notwendig, zentrale daoistische Begriffe einer vertiefenden Reflexion zu unterwerfen. Nur so können Übungssysteme wie Taijiquan und Qigong angemessen in die westliche Kultur integriert werden, und nur so kann ihr transformierender und transzendierender (übersteigender) Gehalt zur globalen (und nicht nur zur westlichen) Bewusstseinsevolution beitragen.

Begriffe für die vorrationale, rationale und transrationale Entwicklung

Ken Wilber beschreibt drei große Stufen der menschlichen Bewusstseinsentwicklung:

- *Die vorrationale Entwicklung:* körperlich, präpersonal - archaisch, magisch, mythisch – prä = vor
- *Die rationale Entwicklung:* geistig, personal - Regel/Rollen-Geist, formal-reflexiver Geist, visionäre Logik
- *Die transrationale Entwicklung:* seelisch, transpersonal – mystisch: feinstofflich, subtil, kausal – trans = über

Beispielhaft werden nachfolgend einige wichtige daoistische Begriffe für das Verständnis von Taiji (Qigong und Taijiquan und TCM) diesen drei Ebenen zugeordnet. Je nachdem, wie man die nachfolgenden Schriftzeichen versteht und interpretiert, können sie jeweils auf drei sehr unterschiedlichen Ebenen gedeutet und verstanden werden.

Auf der linken Seite der Aufstellung sind zwei unterschiedliche Umschriften der chinesichen Symbole wiedergegeben. Die erste Schreibweise ist die internationale Umschrift *Pinyin,* die zweite, in Klammern, die alte Umschrift nach *Wade-Giles.* Der deutsche Begriff links unter den chinesischen Begriffen ist die Übersetzung, wie sie hier verstanden und interpretiert werden soll. Auf der rechten Seite (hinter =) sind andere mögliche Übersetzungen und Interpretationen wiedergegeben. [5]

Begriffe für die vorrationale körperliche Entwicklung:

- *Jing (Ching): Erbinformation* = „Essenz", vererbte Informationen, Materie zum Aufbau des Körpers, sexuelle Energie: Sperma, Samenflüssigkeit, Menstruationsblut, Eizelle.

- *Li (Li): rohe Muskelkraft* = rohe Kraft, Kraft, Stärke, Härte, Gewalt, Muskelkraft, die „von den Knochen kommt".

- *Jin(g) (Chin(g)): innere elastische Kraft* = innere Kraft, beim Taiji innere Energie, verfeinerte innere Kraft, wesentliche Energie, dynamische Manifestation des *Qi*. Dazu gehören verschiedene *Jin*: haftende, hörende, nachgebende, entwurzelnde, hebende, drehende und explodierende Energie. *Jin* wird oft ohne *(g)* geschrieben, um es vom *Jing (Ching)* = „Essenz" zu unterscheiden.

- *Sung (Sung): Entspannen* = lockern, lösen, loslassen, hat nichts mit Schlaffheit zu tun, alle überflüssige Anspannung in der Muskulatur und in der Bewegung loslassen, die „gute Spannung" (Eutonie) darf nicht verloren gehen. Da *Sung* verschiedene Bedeutungen hat, wird es auch der Ebene Geist zugeordnet.

- *Qi (Ch'i): physischer Atem* = Atem, Luft, „Dampf", „Hauch", „Temperament". Hier als physischer Atem, Luft bzw. Sauerstoff interpretiert. Der objektive und interobjektive, messbare, quantifizierbare Aspekt des Atmens. Da *Qi* verschiedene Bedeutungen hat, wird es auch der Ebene Seele zugeordnet.

- *Yi (I): Imagination* = Vorstellung, imaginäre Kraft, Intention, Absicht. Da *Yi* verschiedene Bedeutungen hat, wird es auch der Ebene Geist und Seele zugeordnet.

Begriffe für die rationale geistige Entwicklung:

- *Shen (Shen): persönlicher Geist* = persönlicher Verstand eines Menschen, „Lebensgeist", engl. *mind,* aber auch Sinne, Fähigkeiten, Gedanken, Gefühle und seelische Aspekte. Da *Shen* verschiedene Bedeutungen hat, wird es auch der Ebene Seele zugeordnet.

- *Yi (I): praktische Intelligenz* = Gedanken, Verstand, Willen, Intellekt, Intention/Absicht. Da *Yi* verschiedene Bedeutungen hat, wird es auch der Ebene Körper und Seele zugeordnet.

- *Xin, (Hsin): Herz-Charakter* = Grundwesen eines Menschen, Charakter, Gewissen, Denken, Wissen, „Herz-Geist", Vorstellung, Gefühle. Da *Xin* verschiedene Bedeutungen hat, wird es auch der Ebene Seele zugeordnet.

Begriffe für die transrationale seelische Entwicklung:

- *Qi (Ch'i): feinstoffliche Energie* = Lebenskraft, Dampf, Hauch, Äther, Atmosphäre, kosmische Energie. Eine nicht physische, subjektiv und intersubjektiv erfahrbare, nicht messbare, qualitative Energie. Im Sinne der *TCM* das *Qi* der fünf Elemente, Organe, Meridiane und der *Dantiens*. Siehe auch *Qi* unter der Ebene Körper.

- *Sung (Sung): Loslassen* = lockern, lösen, loslassen des Denkens, geistige Stille. So interpretiert ist *Sung* ein wichtiger Aspekt der Meditation. Siehe auch *Sung* (machmal auch *Song* geschrieben) unter der Ebene Körper.

- *Yi (I): klare Aufmerksamkeit* = Bewusstsein, Aufmerksamkeit, Achtsamkeit, Wachheit, Präsenz. Siehe auch *Yi* unter der Ebene Geist und Körper.

- *Xin (Hsin): Herz-Bewusstsein* = Gedankenstille, Ruhe, Achtsamkeit, Frieden im „Herzen", loslassen von Begierden, Aufrichtigkeit, Intensität der Absicht, Intuition, Bewusstsein, Wesensnatur. Siehe auch *Xin* unter der Ebene Geist.

- *Shen (Shen): überpersönliches* = überpersönlicher Geist eines Menschen, Gottheit, Leere, *Bewusstsein* engl. *spirit,* aber auch Seele, „höhere" Form von Energie. Siehe auch *Shen* unter der Ebene Geist.

- *Dan (Tan): Non-Dual* = Geburt eines fortbestehenden „Lichtkörpers", „Unsterblichkeit" in Sinne der Alchemie (oder Eins mit Allem). „Weiterleben nach dem Tode" in der Ewigkeit bzw. Zeit- und Raumlosigkeit (Tanszendenz und Immanenz)

Differenzierte Interpretation daoistischer Begriffe

Wie aus dieser Aufstellung schnell deutlich wird, sind zentrale daoistische Begriffe nicht eindeutig den drei großen Entwicklungsebenen nach Wilber zuzuordnen. Wenn wir die daoistischen Begriffe vor dem Hintergrund des umfassenden integralen Bewusstseinsmodells nach Wilber reflektieren, ergeben sich, schon bei der sehr einfachen Aufteilung Körper (prärational), Geist (rational) und Seele (transrational), erhebliche Probleme bei der Interpretation der Begriffe (Schriftzeichen). Die Mehr- und Vieldeutigkeit daoistischer Begriffe wird aus einer westlicher Perspektive oft als eine ganzheitliche Sichtweise im Daoimus und in der TCM interpretiert. Diesem Gedankengang widerspricht Wilber sehr deutlich! Erst was differenziert (zerlegt) wurde, kann auf einer höheren Ebene wieder bewusst integriert (zusammengesetzt) werden. Was nicht differenziert wurde, bleibt unbewusst; erst was differenziert wurde, wird bewusst und kann dann gegebenenfalls auf einer höheren Ebene wieder zu einer neuen ganzheitlichen Perkspektive zusammengesetzt werden, die die Welt auf eine tiefere Art und Weise durchdringt und versteht.

Der Gedanke der differenzierten Deutung der Schriftzeichen/Begriffe wurde in der unten folgenden <u>Abbildung 4</u> zusammenfassend dargestellt. Verschiedene daoistische Begriffe (Schriftzeichen) wurden den großen drei Bewusstseinsebenen Körper, Geist und Seele zugeordnet. Dies ist deshalb sehr wichtig, da genau hier Wilbers Gedanke der *Prä/Trans-Verwechselung* ansetzt: Höhere Ebenen (transrational - Seele) der Entwicklung werden mit niederen Ebenen (prärational - Körper) verwechselt, weil beide nicht-rationale Ebenen sind. Dies führt zu falschen Interpretationen: Höhere Bewusstseinsebenen werden so zu niederen reduziert, bzw. umgekehrt niedere Ebenen als höhere Ebenen interpretiert.

Wilbers Ebenen des Bewusstseins und daoistische Begriffe		
Wilbers Ebenen des Bewusstseins		daoistische Begriffe
GEIST - absolut (non-dual)		- Dan = „Unsterblichkeit"
GEIST	Seele / - kausal	- Shen = Bewusstsein
	- subtil	- Xin = Herz-Bewusstsein - Yi = klare Aufmerksamkeit
	- psychisch	- Sung = Loslassen - Qi = feinstoffliche Energie
	Geist / - visionäre Logik	- Xin = Herz-Charakter
	- formal-reflexiv	- Yi = praktische Intelligenz
	- Regel / Rollen - Geist	- Shen = persönlicher Geist
	Körper / - repräsentierender Geist	- Yi = Imagination, Vorstellungskraft
	- phantasmisch-emotional	- Qi = physischer Atem - Sung = Entspannen - Jin = innere elastische Kraft
	- physisch-sensorisch	- Li = rohe Muskelkraft - Jing = Erbinformation
Klemens J.P. Speer		

Abbildung 4: *Wilbers Ebenen des Bewusstseins und daoistische Begriffe*

So entsteht einerseits eine regressive Entwicklung (wirklicher Fortschritt wird als Regression interpretiert) und andererseits ein „aufgeblasenes", falsches höheres Bewusstsein, das Fortschritt vortäuscht, ohne dass die Entwicklung wirklich voranschreitet. (Regression wird als Fortschritt interpretiert).

Wie wir aus der Aufstellung der daoistischen Begriffe entnehmen können, können „Qi" und „Sung" sowohl auf der körperlichen (vorrationalen) wie auch auf der seelischen (transpersonalen) Ebene verstanden und interpretiert werden. Auch die Begriffe „Yi", „Shen" und „Xin" können sowohl auf der geistigen (rationalen, personalen) als auch auf der transpersonalen (seelischen) Ebene nach Wilber verstanden und interpretiert werden. Das Zeichen „Yi" kann sogar allen drei Ebenen (Körper, Geist und Seele) zugeordnet werden. Bei diesen großen Übersetzungs- und Auslegungsmöglichkeiten besteht die Gefahr, dass entweder die höhere, transrationale Ebene auf eine niederere, rationale Ebene reduziert wird oder eine niederere fälschlicher Weise als eine höhere angesehen wird, wenn durch die Begriffe nicht klar unterschieden wird, was gemeint ist. Ebenso ist das Zeichen „Qi" oft mit unklaren Interpretationen verbunden. So wird zum Beispiel „Shen" und „Jing" einerseits als Aspekte des „Qi" interpretiert, andererseits aber davon gesprochen, dass „Jing" zu „Qi" verwandelt werden muss, damit es sich zu „Shen" weiterentwickeln bzw. reifen kann.

Auch das Schriftzeichen „Qi" für Lebensenergie kann also (nach Wilber) allen großen Ebenen, vorrational, rational und tansrational zugeordnet werden. Für einen klaren Sprachgebrauch im Sinne Wilbers muss jedoch darauf geachtet werden, dass keine „Prä/Trans-Verwechslung bzw. –Vermischung" dieser sehr unterschiedlichen Ebenen stattfindet. Die tiefsten Triebe (Sexualtrieb und Agressions-/Todestrieb) werden nach Wilber der Ebene (1) physisch-sensorisch zugeordnet, die Gefühle „Qing" der Ebene (2) phantasmisch-emotional. Die trainierten energetischen und meditativen Zustände können allen Ebenen zugeordnet werden, sind jedoch für eine stabile transrationale Entwicklung unabdingbar, daher weisen sie deutlich über ein rein rationales Weltbild hinaus und werden in Abbildung 4 als feinstoffliche - psychische Ebene – Wuwei (7), als höhere feinstoffliche, subtile Ebene - De (8), sowie als kausale Ebene - Dao (9) bezeichnet. Wird das Einsein mit dem Dao im Alltag verwirklicht (= Taiji), so spricht Wilber von der Ebene (0) absolut, die eigentlich keine Ebene mehr darstellt, da sie non-dual ist. (Zu beachten ist, dass die in der Abbildung 4 dargestellten Ebenen 7, 8, 9, in eine gemeinsame spirituelle Ebene, die über das rationale hinausgeht, zusammengefasst werden können. Sollen sie weiter differenziert werden, sind oben links in den Quadraten andere Begrifflichkeiten erforderlich. Die drei Abstufungen (psychisch, subtil und kausal - Stofflichkeit) entsprechen Wilbers vier Entwicklungszustände – oben rechts in den Quadraten)

Das „alte systemische Denken" in der chinesischen und daoistischen Kultur muss also erweitert und differenziert werden. Wilber macht deutlich, dass innere Welt und äußere Welt, persönliche und gesellschaftliche Entwicklung (vier integrale Aspekte – Quadranten nach Wilber) ganzheitlich entfaltet werden müssen, will der daoistische Adept in einem wirklichen integralem Einklang mit dem Dao leben und handeln.

Zudem wird der Verstandesebene im traditionellen daoistischen Denken eine niederere Wertigkeit beigemessen, als es in unserer aufgeklärten, westlich-wissenschaftlichen, rationalen Welt der Fall ist. Im Sinne der TCM wird der Verstand eher als ein Anhängsel des physischen Körpers gesehen. „Zuviel Denken", sagen TCM-Ärzte, „macht krank". Dieser Eindruck wird dadurch verstärkt, dass es in den spirituellen daoistischen Traditionen darum geht, den Verstand zu beruhigen und zum Schweigen zu bringen, damit der Geist durchbrechen kann zu höheren Bewusstseinsebenen. Dies muss aber nicht mit einer Abwertung des rationalen Verstandes verbunden sein. Desweiteren erfasst - wohl bedingt durch die Bild- und Symbolschrift der chinesischen Kultur - der östliche Mensch das Leben und die Welt mehr in Synonymen, Metaphern, Bildern sowie in Natur- und Lebensrhythmen, die einerseits geeignet sind, wesentliche Zusammenhänge und Fließprozesse (von Yin und Yang) aufzudecken und zu verstehen, andererseits aber werden differenziertere wissenschaftliche Zusammenhänge ausgeblendet. Wird jedoch eine wissenschaftliche Arbeitsweise gefördert - als Beispiel soll die Verstaatlichung und Verwissenschaftlichung des Qigong in China dienen -, werden dagegen die transpersonalen (seelischen) Ebenen ignoriert bzw. auf rationale Ebenen der Interpretation reduziert und damit aus dem Bewusstsein ausgeblendet.

Begreifen wir Taiji als einen spirituellen Übungsweg, der zum Absoluten, zur Ganzheit, zum non-dualen Bewusstsein führt, so geht es darum, die Stufen des Bewusstseins bis zur höchsten Stufe „Shen" (überpersönliches Bewusstsein) oder „Dan" („Unsterblichkeit") zu erklimmen. Diese höchsten Formen des Bewusstseins kommen auch in der daoistischen Dichtkunst zum Ausdruck.

Erkenntnis des Absoluten in der daoistischen Literatur

Einige Beschreibungen oder Erfahrungen aus der daoistischen Literatur, die der Erfahrung des Absoluten, des non-dualen Bewusstseins zugeordnet werden können:

> *„ UND DAS TIEFSTE aller Geheimnisse ist dies:*
> *Wo immer du gehst, dort ist deine Heimat."*
> *Meister Lü Tung-Pin (755-796)* [6]

> *„ICH SEHE DAS LAND WU*
> *sich fern im Osten breiten.*
> *Ich spüre das ganze All*
> *schwebend im Gang der Zeiten."*
> *Da Fu (712-770)* [7]

> *„DANN WIRST DU DAHIN KOMMEN,*
> *dass du die Dinge klar und deutlich begreifst*
> *und erkennst: Die Leere, das ist der Weg,*
> *und der Weg, das ist die Leere."*
> *Shinmen Musashi (1584 -1645)* [8]

Einheits- oder Gipfelerfahrungen werden im Taiji im Gegensatz zu anderen Traditionen eher selten auf einer sehr persönlichen Ebene beschrieben. Sie gelten scheinbar als ein natürlicher Nebeneffekt des konsequenten Übens. „Lasse alle Wünsche nach der Erfahrung des Dao los, übe regelmäßig und hingebungsvoll, und du wirst das höchste Ziel erreichen", würde ein Taiji-Meister sagen. Und ergänzend würde er hinzufügen: „Selbst wenn du intensive Erfahrungen beim Üben machst, übe regelmäßig weiter", denn, wie wir wissen, sind tiefe Erfahrungen von Allverbundenheit oder Gipfelerfahrungen „Zipfelerfahrungen" (kurze Augenblicke), und der Weg ist lang, um sie wirklich ins Leben zu integrieren und diese Erfahrung von innen heraus zu leben.

Erkenntnis der Allverbundenheit im Taiji: Alle Gegensätze sind eins

Aufrichten und Sinken, Aufsteigen und Absteigen, Transzendenz und Immanenz, steigende Energie und sinkende Energie: Hier offenbart sich der „Kreislauf des Lebens" im Taiji. Mit Wilber kann Taiji eine „tantrische Methode des Übens" genannt werden, bei der der Körper ebenso ernst genommen wird wie der Geist; bei der die Aspekte der Erde dieselbe Aufmerksamkeit bekommen wie die Aspekte des Himmels. Oben und Unten, Heben und Sinken, links und rechts, vorn und hinten, bilden eine Einheit; alle „Bewegungen" beim Taiji entstehen aus der inneren Mitte. Der aufsteigende Gott (Evolution) ist ebenso wichtig wie die absteigende Göttin (Involution). Ein zu starkes Sinken in den Knien - dies wird in manchen Selbstverteidigungsrichtungen sehr betont - und damit ein zu starkes Sinken der Energie beim Üben, kann die Öffnung der „himmlischen Kreisläufe" im Körper verhindern. „Oben und unten müssen ausgeglichen sein", dem Sinken muss die gleiche Aufmerksamkeit zukommen wie dem Steigen oder Aufrichten. Nur dann sind Yin und Yang im Gleichgewicht! Nur dann kann es gelingen, das energetische und geistige Potential des

Menschen auch im Üben des Taiji voll zu erschließen und „im Körperbewusstsein zu verankern".

Teil 5: Entwicklungsstufen im Taijiquan und ihre Interpretation

Stille und Langsamkeit als Kraftquelle für den Alltag

Unsere Welt ist laut und lärmend geworden, Hektik, Betriebsamkeit und Arbeitsdruck in der westlichen Welt haben immer mehr zugenommen und die Menschen drohen auszubrennen. Ruhe, Stille und Langsamkeit sind die Gegenpole zu dieser äußeren Welt. Alles, was wir sehen und anfassen können, bewegt sich und verändert sich, wird geboren, wächst heran, reift, altert und stirbt. ‚Suche das Unveränderliche hinter allen äußeren Formen oder suche das Gerade im Kreisförmigen‘, sagen die Daoisten. Damit ist gemeint: Suche die Ruhe und Stille in der Bewegung, in der Hektik und Betriebsamkeit der äußeren Welt. Suche das Unveränderliche hinter der Veränderlichkeit aller äußeren Erscheinungen. Nur das Unveränderliche ist das Beständige hinter allen sich stetig wandelnden Formen. Dieses Unveränderliche können wir nur in uns selbst finden, kein äußeres Trachten und Sehnen wird uns je zur Ruhe kommen lassen und uns wirklich weiterbringen. Ruhe, Stille und Langsamkeit können uns den Weg weisen zu dieser inneren Qualität des Unveränderlichen, der göttlichen Ruhe, der göttlichen höchsten Existenz selbst.

Ein Sprichwort sagt: „Die Ruhe sei dem Menschen heilig, nur Verrückte haben's eilig". Von dieser Qualität der inneren Ruhe brauchen wir wieder mehr in unserem Alltagsleben. Die Kirchen und Tempel im Westen könnten wieder voll werden, wenn sie in neuer Form zu meditativen Orten der Ruhe, Stille und Langsamkeit würden, die alle Worte vergessen lassen und zum Schweigen bringen. Nur so kommen wir dem Göttlichen wirklich näher. Nur so gewinnen wir die

Kraft für die lebendige und lebensbejahende Gestaltung des Alltags.

Empfehlungen zur Übungspraxis

Die nachfolgenden Empfehlungen beziehen sich auf Schüler, die in erster Linie an den gesundheitlichen, energetischen, meditativen und spirituellen Aspekten des Taiji Interesse haben und Taiji als einen Übungsweg (im Yang-Stil) begreifen. Es werden wichtige Aspekte der Selbstverteidigungspraxis mit einbezogen, um die Taiji-Prinzipien verständlich zu machen und zu verinnerlichen, aber nicht so weit, dass eine physische Kampfkunst-Meisterschaft in Taiji angestrebt wird (dafür ist ein weitergehendes spezielles Training notwendig). Zur Übungspraxis gehört, das erlernte Übungsgut mindestens täglich 20 bis 30 Minuten zu üben und zu pflegen. Will der Schüler schnellere Fortschritte machen, kann diese Übungszeit auch auf eine Stunde täglich erhöht werden. Wenn es um eine Kampfkunstmeisterschaft gehen würde, müssten die Übungszeiten dieses Maß noch deutlich übersteigen. Generell ist es besser, täglich regelmäßig zu üben, als am Wochenende mehrere Stunden oder den ganzen Tag. Die Empfehlungen zur Übungspraxis sind dementsprechend auf westliche Schüler abgestimmt (die nebenberuflich üben) und können am besten - da Taiji als ein spiritueller Entwicklungsweg verstanden wird - in Stufen beschrieben werden. Die Stufen sind natürlich nicht klar von einander getrennt zu sehen, sondern gehen fließend ineinander über. Jemand, der zum Beispiel die zweite Taiji-Stufe zu 70 % realisiert hat, kann sich vielleicht schon zu 50 % auf der dritten und zu 30 % auf der vierten Stufe befinden. Dieses Beispiel soll deutlich machen, dass ein Übender schon einmal die sechste Stufe für einen kurzen Augenblick erfahren haben kann, deshalb aber noch lange nicht auf dieser Stufe solide und authentisch zu Hause ist.

Die im nächsten Abschnitt folgende Einteilung der Stufen orientiert sich an dem chinesischen kosmologischen Dreiklang von Erde, Mensch und Himmel und an den neun Stufen nach Cheng Man-Ching (je drei zu jedem Aspekt). Die drei chinesischen Ebenen können auch als Körper (biologisch-physiologisch oder Jing), Energie (feinstofflich oder Qi) und Geist (Spirit oder intuitiver Geist, nicht rationaler Verstand oder Shen) beschrieben werden. Sie werden nach Petra und Toyo Kobayashi (die sich wiederum auf ihren Lehrer Chiang Tao Chi beziehen) in jeweils zwei Stufen unterteilt, sodass sich sechs Stufen ergeben. Dieser Einteilung von Körper (Form), Energie und Geist in jeweils zwei Stufen soll hier gefolgt werden.

Die schon voran gegangenen Ausführungen zum Thema Bewusstseins-Ebenen oder -Zuständen müssen jedoch beachtet werden. Im Taijiquan und Qigong wird traditionellerweise von Stufen oder Ebenen (Levels) der Entwicklung gesprochen. Wir haben aber bereits gesehen, dass wir nach Wilber zwischen Ebenen und Zuständen unterscheiden müssen und dass es sich hier nach Wilber um die Beschreibung von trainierbaren körperlichen, energetischen und geistigen Bewusstseinszuständen handelt:

Sechs Entwicklungsstufen und die Einheit

1. Die grobe Form-Stufe: In der ersten „Form-Stufe" (auch „Kraft-Stufe" genannt) geht es darum, eine Form, zum Beispiel die kurze Form nach Cheng Man-Ching, korrekt zu erlernen. Das Lernen bezieht sich zunächst mehr auf das äußere Erlernen der Form. Der Übende ist oft noch steif und unbeweglich oder zu schlaff und unstrukturiert in seinen Bewegungen. Das Ziel der Übung ist hier, Steifheit und Festigkeit abzubauen, zu entspannen und zu lockern und zu weiche oder zu schlaffe Bewegungen in die klare Struktur der Form einzubinden.Die Haltungs- und Bewegungsprinzipien müssen gelernt und verstanden werden, da sie für die korrekte Ausführung der Form unerlässlich sind. Die Beobachtung des Atems kann vernachlässigt werden, da es zunächst darum geht, sich auf die Bewegungen zu konzentrieren. Der Übende soll jedoch ganz normal und entspannt atmen. Erste Grundlagen in den Partnerübungen werden erlernt und geübt. Energetisch ist auf dieser Stufe der Entwicklung noch nicht viel wahrnehmbar. Es können aber erste Energieerfahrungen (Qi-Erfahrungen) auftreten. Das Arbeiten an einer Form dient dazu, von außen nach innen zu arbeiten, damit es mehr und mehr gelingt, Körper und Geist zu entspannen und Muskeln, Sehnen, Bänder und Gelenke zu lockern. Eine Übertragung der Taiji-Prinzipien in den Alltag ist dem Übenden noch nicht möglich. Der Übende arbeitet noch an den *äußeren Figuren, Formen und Partnersequenzen.*

(Setzt nach Wilber etwa bei den Ebenen 4 und 5 der Entwicklung, dem „Regel-Rollen-Geist" und dem „Selbstreflektiven Geist" an und korrespondiert mit ihnen, da die meisten jungendlichen und erwachsenen Schüler und Schülerinnen, wenn sie mit dem Lernen beginnen, auf dieser Ebene zu Hause sind.)

2. Die feine Form-Stufe: Die zweite Stufe, auch „Technik-Stufe" genannt, setzt voraus, dass der Schüler/die Schülerin mindestens eine kurze Form äußerlich beherrscht. Nun kann vertiefend an den „Haltungs- und Bewegungsprinzipien" gearbeitet werden (Reflexionsarbeit) und damit die Arbeit von außen nach innen intensiviert werden. Besondere Bedeutung kommt einer klaren Gewichtsverlagerung, dem Senken des Kreuzbeins und damit dem Sinken und der Aufrichtung zum Scheitelpunkt zu. Zusätzlich kann eine lange Form zum Beispiel nach Yang Cheng Fu erlernt werden. Mit Hilfe der langen Form können noch einmal alle Figuren der kurzen Form wiederholt und vertieft werden, und man beginnt an den Anwendungs-Techniken zu arbeiten, um die Figuren der Formen noch besser zu verstehen und energetisch exakter ausführen zu können. Auch auf der Stufe 2 kann die Wahrnehmung der Atmung noch vernachlässigt werden. Die Grundlagen der Partnerübungen werden vertieft und erste Partnersequenzen eingeübt. Die Energiewahrnehmungen (Qi-Wahrnehmungen) verstärken sich, sind aber in der Regel noch schwach und unbeständig, sodass es noch beim äußeren Üben der Formen und Partnersequenzen bleibt: Der Schwerpunkt liegt auf der *Reflexion der Haltungs- und Bewegungsprinzipien.*

(Setzt auf den Wilberschen Ebenen 5 und 6, „selbst-reflexive Geist" und „visionäre Logik", an und korrespondiert mit ihnen, siehe auch 1. Stufe. Orientiert man sich an den Bewusstseinszuständen nach Wilber, handelt es sich bei den Taiji-Stufen 1 und 2 um ein

Training, das noch weitgehend im „Wachbewusstsein" stattfindet.)

Am Ende dieser Entwicklungsstufe sind Schüler und Schülerinnen schnell geneigt, das Üben des Taijiquan abzubrechen, denn sie meinen, bereits alles gelernt zu haben und die Formen und Partnerübungen zu beherrschen. Dieses Können ist aber nur ein äußeres Können. Es gibt noch viel Neues hinzuzulernen. Erst jetzt beginnt die eigentliche innere Arbeit, für die die Formen und Partnerübungen nur ein Gerüst oder ein Netz bilden. Erst mit dem Beginn der inneren Arbeit wird es möglich, die Taiji-Prinzipien mehr und mehr zu verstehen und sie auch in den Alltag zu übertragen.

3. Die "grobe" Energiestufe: Auf dieser Stufe (auch niedere feinstoffliche Ebene oder „Energie-Stufe" genannt) beginnt der Schüler/die Schülerin mit der inneren energetischen Arbeit (die das Rationale überschreitet) an den Figuren, Formen und Partnersequenzen des Taiji. Es geht darum, die Feinheiten der Figuren und Formen zu üben und die Partnersequenzen zu vertiefen, also mehr um das Erspüren und Fühlen und intuitive Erfassen von inneren Wahrnehmungen. Der Schwerpunkt der Aufmerksamkeit liegt bei den Haltungs- und Bewegungsprinzipien, und es wird an einer zunehmenden Vertiefung der Atmung und dem „Entspannen und Loslassen" gearbeitet. Besondere Beachtung erhält jetzt eine Bewegungsweise, die *von innen nach außen'* gerichtet ist. Auf dieser Ebene kann vermehrt auf die Verbindung von Atem und Bewegung geachtet werden. Bei den Partnersequenzen steht das „Haften" oder „Kleben" am Übungspartner im Vordergrund, um mit seinen Bewegungen im Einklang zu sein und „gemeinsam in Fluss zu kommen". Es gibt noch immer ‚Ecken, Kanten und Brüche' in den Formen und Partnerübungen. Das Fließen von Energie (Qi) kann aber immer deutlicher in den Bewegungen wahrgenommen werden und beginnt, vermehrt ins Bauchzentrum (unteres Dantien) und in die Füße zu sinken. Das Wahrnehmen von Energie ist aber noch an die Ausführung von Figuren, Formen und Partnersequenzen gebunden. Der Schüler beginnt, die geübten Taiji-Prinzipien in der Form und in den Partnerübungen auch im Alltag wahrzunehmen. Auf dieser Stufe wird ein Üben möglich, das Cheng

Man-Ching wie folgt beschreibt: „Übe die Form, als würdest du mit einem Partner üben, und übe die Partnersequenzen, als ob kein Partner vorhanden wäre".

Wuwei (müheloses Bemühen) oder Loslassen ist das zentrale Lebensprinzip auf dieser Stufe (siehe hierzu auch Teil 2, unter: Vier große Zustände in allen mystischen Traditionen). Eine optimale geistige und körperliche *Koordinations- und Vernetzungsarbeit* ist nur mit dem verstärkten Üben und Einlassen auf dieses Grundprinzip möglich.

(Beim Training der Qi-Wahrnehmung beginnt im Wilberschen Sinne das Training der Bewusstseinszustände, das Training des feinstofflichen „Traumbewusstseins", das den Impuls für eine Weiterentwicklung auf die nächste Entwicklungsebene (7) induzieren kann.)

4. Die feine Energiestufe: Die Grundlagen der Energiearbeit wurden bis zu dieser Stufe (auch höhere feinstoffliche Ebene oder „Qi-Stufe" genannt) bereits gemeistert. Jetzt geht es um eine Vertiefung der inneren Arbeit und um einen Feinschliff in der Bewegungsweise. Damit wird die Energie- und Atemwahrnehmung so gesteigert, dass der Energiefluss in allen Figuren, Formen und Partnersequenzen wahrgenommen werden kann und der Übende deutlich im unteren Dantien zentriert bleibt. Beweglichkeit, Reaktionsvermögen und intuitive Wahrnehmung des Übenden schreiten bis zu einem hohen Niveau weiter fort. Energiewahrnehmungen sind nun jederzeit auch unabhängig von Techniken verfügbar. Der Köper ist so weich und beweglich geworden, dass das Qi an der Wirbelsäule aufsteigen kann. Das Aufsteigen des Qi ist verbunden mit dem „Öffnen der drei Tore" und dem Öffnen des „kleinen und großen himmlischen Kreislaufs". Subtile Geist-Energie wird wahrgenommen und man beginnt, auf sie zu hören (noch grob und seicht - Cheng Man-Ching). Das weiterhin regelmäßige Üben der Form trägt dazu bei, dass der Weg zum Geistigen immer deutlicher wahrnehmbar wird und den Übenden motiviert, bis zur geistigen Stufe des Taiji fortzuschreiten. Die Taiji-Prinzipien werden immer müheloser im Alltag wahrgenommen und angewendet. Um diese Stufe zu erreichen, wird davon ausgegangen, dass ein 15- bis 20jähriges regelmäßiges Üben notwendig ist.

Die Erfahrung von *De* (innere Kraft) wird zum zentralen Lebensausdruck auf dieser Stufe im spirituellen Daoismus (siehe hierzu auch Teil 2, unter: Vier große Zustände in allen mystischen Traditionen). Nur ein weiteres Vertiefen von *Wuwei* kann die *Arbeit an der Wahrnehmung und Harmonisierung des Energieflusses* verstärken und ein „spontanes Handeln aus der Mitte" fördern. Ein körperlicher Ausdruck des De ist in der inneren Kampfkunst des Taiji die spontane (höhere) innere elastische Kraft Jin. Durch die Vertiefung des „Übungswegs der inneren Erfahrung zur unsterblichen Seele" (Neidan) gelangt der Adept in der nächsten Stufe zu einem noch tieferen Erleben.

(Auf dieser Taiji-Stufe wird das „Traumbewusstsein" nach Wilber weiter vertieft und stabilisiert. Es führt damit zu einer stabilen Qi-Wahrnehmung in den Übungen des Taiji und Taijiquan.)

5. Die Geiststufe: Auf dieser Stufe tritt eine deutliche geistige Wahrnehmungsveränderung ein, die der Veränderung zwischen der zweiten und der dritten Stufe ähnelt, aber fließender und sehr viel subtiler ist. Wahrnehmung und blitzschnelles Handeln fallen immer mehr zu einer Einheit zusammen. Auf der subtilen Geiststufe reagieren Qi, Atem und Körper augenblicklich auf einen geistigen Impuls. Alle täglichen Handlungen, innere wie äußere, werden zum Taiji, da die Taijiprinzipien so sehr verinnerlicht wurden, dass der Übende dazu in der Lage ist, aus seiner Mitte spontan zu reagieren, auszuweichen oder sich zu verteidigen und Energie zurückzugeben. Subtile Geist-Energie wird wahrgenommen, und man beginnt, sie zu verstehen (fein und tief - Cheng Man-Ching). Um sich diese Stufe zu erhalten und sie zu festigen, ist weiterhin ein regelmäßiges Üben von Formen und Partnersequenzen notwendig.

Die Erfahrung des *Dao* (oder Wuji - Urzustand des Kosmos), wird zum zentralen Lebensziel und Lebensursprung auf dieser Stufe im spirituellen Daoismus. Nur ein Vertiefen von *Wuwei* und *De* kann die *Arbeit an der Wahrnehmung von ununterbrochener Zentrierung und Entfaltung* verstärken und stabilisieren. Durch Selbstvergessenheit und absichtsloses Tun (Loslassen) „tritt" der Adept „in die Stille ein" (Rujing), im Sinne von „sich versenken", und erreicht die Übereinstimmung mit den Dingen. So kann er ihr Wesen, die Leere (Xü) im nichtdualistischen Sinne, schauen und gelangt zu großer Gelassenheit und Weitsicht.

(Beim Training auf der Taiji-Stufe 5 arbeitet sich der Schüler bzw. die Schülerin zum „Tiefschlafbewusstsein" durch, und es entsteht mehr und mehr ein stiller innerer Raum, ein „Nichts, das kein Nichts ist", macht sich breit: Wilber nennt das auch einen kausalen Zustand.)

6. Die natürliche Stufe: Der Geist hat sich mehr und mehr geleert, sich vom groben Shen in feines Shen verwandelt und sich in die *Leere (Xu) des Dao* versenkt. Mühelose Gedankenstille und Ruhe in der Bewegung sind verwirklicht. Die Leere und das Nichts werden erfahren, und der meisterliche Schüler kann selbstvergessen darin ruhen. Das Herz-Bewusstsein (xin) verankert sich in der Stille der Gestaltlosigkeit (wuji).

Auf der letzten Stufe, auch „Xu-Stufe" genannt, ist die vollkommene geistige, energetische und körperliche Natürlichkeit erreicht und verwirklicht. Die Geist-Energie kann frei gelenkt und gerichtet werden, was auch als *vollkommene Klarheit* beschrieben wird. In der Selbstverteidigung, egal ob körperlicher oder geistiger Art, reagiert der Taiji-Schüler meisterlich und damit „vollkommen natürlich" und weicht jeder gegen ihn gerichteten Kraft aus oder gibt sie zurück. Taiji-Prinzipien und Alltag sind vollkommen miteinander verschmolzen (siehe Cheng Man-Ching: „Ich brauche keine Techniken"). Es fehlt jedoch nur noch ein kleiner Schritt. Es gibt noch eine subtile Dualität. Die Einheit von Yin und Yang ist noch nicht vollkommen stabil.

(Auf der Taiji-Stufe 6 wird die Erfahrung des leeren Geist stabilisiert. Der kausale Zustand nach Wilber, das leere Tiefschlafbewusstsein, wird zu einer festen Erfahrungswirklichkeit.)

7. Meisterschaft: Wenn alle Taiji-Stufen und alle Gegensätze in EINS zusammengefallen sind, ist die absolute Meisterschaft erreicht. Taiji, das „Höchste Letzte", wird in der *Einheit mit dem Dao* erfahren. Yin und Yang, subjektive und objektive Welt, fallen zusammen,

Nichts und Etwas, Jenseits und Diesseits, Himmel und Erde, Aufsteigen und Absteigen, Innen und Außen, Weisheit und Mitgefühl sind EINS, daher ist diese Ebene keine Stufe mehr. Sie ist identisch mit dem 10. Ochsenbild aus dem Chan-Buddhismus: Der Meister betritt den Marktplatz des Lebens.

Das *Taiji-Symbol* ist das zentrale Symbol der Einheit von Yin und Yang im spirituellen Daoismus. Diese Einheit kann nur erreicht und bewahrt werden, wenn das gesamte Leben als eine einzige Übung empfunden wird, sodass der Taiji-Meister keine Übungen mehr benötigt. „Sind die Fische gefangen", sagen die Daoisten, „braucht der Fischer das Netz nicht mehr". Das Üben der Formen ist also überflüssig geworden.

(Wilber nennt diese Erfahrungsebene „absolut" oder „non-dual". Alle Gegensätze fallen in EINS zusammen: Leere und Fülle, Evolution und Involution, Transzendenz und Immanenz, Vordergrund und Hintergrund, geboren werden und sterben. Es gibt nur ein Leben!)

Alles ist gut, wie es ist! Das bedeutet, alles im Leben so annehmen zu können, wie es ist, ohne jegliche Bewertung, dann ist alles gut (Weisheit). Aber, da es nichts gibt, was nicht verbesserungsfähig oder entwicklungsfähig ist - das ist die Paradoxie des Lebens -, geht es darum, sich mit Liebe der Welt zuzuwenden und ihr Leiden zu lindern, wo es möglich ist (Mitgefühl) und sich selbst und andere darin zu bestärken, sich zu entwickeln.

Hierzu passt auch Wilbers Definition von der „Liebe des Meisters oder der Meisterin": *Er oder sie hat Offenheit und Weite im Blick, ist im-Fluss mit allen Entscheidungen und Handlungen, ist In-der-Mitte-des-Seins zu Hause, verankert im transpersonalen Bewusstsein des Absoluten und unterstützt andere in diese Richtung.*

Reflexion der Entwicklungsebenen und Zustände nach Wilber

Die grobe Taiji-Form-Stufe 1 und die 2 setzen auf Wilbers rationalen Ebenen 4 bis 6 an, wie wir oben bereits gesehen haben. Dies passt auch insofern, als die Daoisten den rationalen Verstand dem körperlichen zuordnen. Es geht darum, sich den biologisch-physischen Körper wieder auf eine umfassende Weise anzueignen, ihn wieder spüren zu lernen und ihn zu integrieren. Dieser wird durch Wilbers vorrationale Entwicklungsebenen 1, 2 und 3, - die physische, die emotionale und die bildhafte vorsprachliche Ebene - auf einer körperlichen Ebene trainiert. Die Ebene 3 entspricht einem bildhaften mythischen Bewusstsein, das auch im Taiji durch die Konzentration auf mythische Bilder beim Üben verstärkt wird. Die Wilberschen Ebenen 4 bis 6 sind die Ebenen, auf denen sich der größte Teil der westlichen Menschen niedergelassen hat. Dies ist der Ausgangspunkt, auf dem Taiji-Interessierte in der Regel stehen, wenn sie mit dem Üben des Taiji beginnen.

Dann setzt das Training der Bewusstseinszustände ein: ausgehend vom Wachbewusstsein über das Traumbewusstsein zum Tiefschlafbewusstsein. Dadurch wird eine Entwicklung auf die nächste höhere Bewusstseinsebene (7) unterstützt. Die Wahrnehmung niederer und höherer feinstofflicher Welten und subtile Wahrnehmungen werden trainiert, bis der Geist den kausalen Zustand erreicht hat. Der absolute Zustand ist dann frei von jeglicher Dualität. Wilber nennt diesen Zustand „absolut" oder „non-duale". Im Taiji entspricht er der Meisterschaft.

Nachfolgend in der <u>Abbildung 5</u> eine Zusammenfassung und Zusammenstellung der Bewusstseinszustände in den verschiedenen daoistischen Übungsrichtungen:

b) Vergleich der Bewusstseinszustände
bei verschiedenen daoistischen Übungssystemen

Stoff-lichkeit:	Körper Grobstofflich	Energie Feinstofflich	Geist Kausal	Einheit Absolut
Bewusstseinszustände: Übungswege	Wach-bewusstsein	Traum-bewusstsein	Tiefschlaf-bewusstsein	Non-Duales Bewusstsein
Zuowang:	Körper (Xin) grob und fein	Qi (Xin) grob und fein	Shen/Xu grob und fein	Dao - Meisterschaft
Allgemein Qigong-Taijiquan	Körper (Jing) grob und fein	Qi grob und fein	Shen grob und fein	Dao - Meisterschaft
Energiepunkte in den Figuren und Formen:	Sprudelnde Quelle, Kreuzbeinpunkt	unteres u. mitt-leres Dantien, Laogong	Jadekissen, oberes Dantien	Scheitelpunkt Sprudelnde Quelle
Taijiquan:	1. Form-Stufe 2. Technik-Stufe	3. Energiestufe 4. Qi-Stufe	5. Geist-Stufe 6. Xu-Stufe	7. DAO: - Meisterschaft
Gehirn-frequenzen:	13 - 30 + 7 - 3 Hertz Beta-Wellen Alpha-Wellen	4 - 7 Hertz Theta-Wellen	1 – 4 Hertz Delta-Wellen	1 – 30 Hertz Wechselnde Wellen

Abbildung 5: b) Vergleich der Bewussteinszustände

Die Abbildung fasst in einem groben Muster die Schritte der Übungs-wege über die vier trainierbaren Bewusstseinszustände stichwortartig zusammen und stellt sie in den Zusammenhang der zum Teil schon älteren Forschungen zu den Gehirnfrequenzen (EEG). Inzwischen können durch bildgebende Verfahren in der Medizin (MRT und CT) sehr viel genauere Beobachtungen der Gehirntätigkeit in den ver-schiedenen Zuständen gemacht werden. Die Frequenzmessungen bei Übenden sind jedoch immer noch ein Hinweis, dass das Gehirn seine Wahrnehmungsfähigkeit im Wach-, Traum- und Tiefschlaf verändert. Dies wurde auch durch die Forschungen mit den bildgebenden Ver-fahren in den vergangenen Jahren mehr und mehr bestätigt.

Die sechs Stufen der Entwicklung im Taijiquan, siehe Abbildung 6, sollen verdeutlichen, dass es durch ein regelmäßiges Üben darum geht, den vollen Energiekanal von unten nach oben zu öffnen.

81

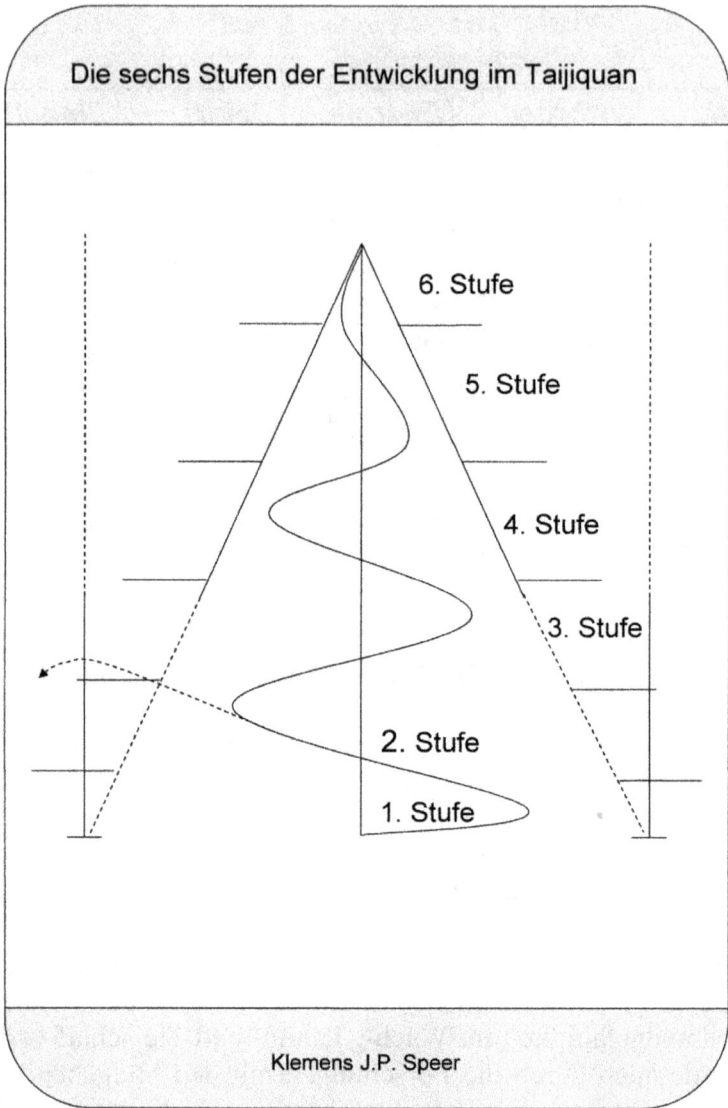

Die sechs Stufen der Entwicklung im Taijiquan

6. Stufe

5. Stufe

4. Stufe

3. Stufe

2. Stufe

1. Stufe

Klemens J.P. Speer

Abbildung 6: *Sechs Stufen der Entwicklung im Taijiquan*

Es reicht nicht aus, einmal einen kleinen Zipfel der Stufe 6 erfahren zu haben, sondern es geht darum - vorausgesetzt, der Adept möchte bis zur höchsten Stufe voranschreiten -, sich auch die oberen Stufen nach und nach immer mehr zu erschließen. Der Kegel in der Grafik deutet zum Beispiel an, dass hier die Stufe 4 nur etwa zu 50 Prozent, die Stufe 5 zu ca. 30 Prozent und die Stufe 6 vielleicht zu 10 Prozent erreicht wurde. Sicher ist in dieser Grafik der Adept nur auf der Stufe 3 zu Hause, zu ca. 70 Prozent. Weiteres Vertiefen der Übung kann die ganze Breite des kosmischen Energiekanals freilegen, sodass Meisterschaft erlangt wird, wenn der Adept zu 70 Prozent sicher auf der Stufe 6 angekommen ist.

Im Sinne der „Allgemeinen Ausbildungsleitlinien für Taijiquan" (AALL/T) des Deutschen Dachverbandes für Qigong und Taijiquan (DDQT) sollte, nach meiner Auffassung, ein Ausbilder die Taiji-Stufe 4 gemeistert haben, ein Lehrer die Taiji-Stufen 1 und 2 beherrschen und sich schon deutlich in die 3. Taiji-Stufe hineinbewegen. Ein Kursleiter sollte die Stufe 1 beherrschen und schon deutlich in die Stufe 2 vorgedrungen sein. Eine Bestätigung von Entwicklungsstufen in diesem Sinne durch einen Taiji-Meister ist im westlichen Taijiquan bisher nicht üblich und mir auch von östlichen Taiji-Meistern nicht bekannt.

Ein Taiji-Ausbilder, der sich als spiritueller Meister versteht und sich daher auch Meister nennt, sollte sich auf der Taiji-Stufe sechs dauerhaft niedergelassen haben.

Handeln entsprechend der Erkenntnis oder Kampfkunst im Alltag

Mit zunehmender Integration seines ganzen Potentials wird der Mensch immer mehr seine Erkenntnis mit seinem Handeln in Einklang bringen. Die große Kluft zwischen Erkenntnis und Handlung, die gerade heute viele Menschen empfinden, kann sich nur in einer integralen Authentizität lösen. Sie lässt im Alltag praktisches Handeln und Erkenntnis in allen Bereichen zusammenfallen: Im Privaten ebenso wie in den Beziehungen, in der Familie, im Beruf, in den Unternehmen, auf der Führungsebene, in der Politik, auf der Ebene der Weltkonzerne. Am meisten fehlt sie wohl auf der internationalen Ebene der Nationen, der UNO bzw. einer Weltföderation.

Die spirituellen Übungswege werden in der Zukunft aus unserem Alltag nicht mehr wegzudenken sein - ebenso wie Schattenarbeit erforderlich ist, um die Persönlichkeit zu klären, und das Fach Psychologie (auch die Psychologie zwischen den Geschlechtern) Einzug halten muss in den Schulalltag. In Zukunft werden die authentischen Übungswege Taiji, Zen, Yoga, Kontemplation usw. in jeder Schule und in jeder Universität zu finden sein müssen. Ein Mensch, der keinen spirituellen Übungsweg geht, wird bald merken, dass er in seiner inneren Entwicklung nicht weiter kommt. Er wird seine Entwicklung daran messen können, wie sehr es ihm gelingt, Erkenntnis und Handeln in Einklang zu bringen.

Konsequenzen für das tägliche Leben sind gefordert, wenn wir einen authentischen Beitrag zu den Alltagsproblemen, die auch ein großer Teil unserer globalen Probleme sind, leisten wollen. Daher muss jeder bei sich selbst anfangen:

- Mit täglich 20 Minuten Meditation (Taijiquan, Qigong, Zen, Kontemplation, usw.), die zu neuen Erfahrungen führt.
- Mit Zeit zur Reflexion (und Schattenarbeit), um die neuen Erfahrungen zu integrieren und Kraft zu schöpfen für ihre praktische Umsetzung .

So kann tägliches Üben die inneren Voraussetzungen schaffen, ökologische, soziale und ökonomische Veränderungen anzustoßen. Sie sind notwendig, um eine neue individuelle und kollektive Kultur (der Normen und Werte) zu gestalten, die in eine spirituelle Weltpolitik mündet.

Eine in diesem Sinne spirituelle Praxis könnte dazu führen, dass auch im Norden und Westen des Globus wirkliche „spirituelle Parteien und Bewegungen" eine Renaissance erleben und sich an post- und post-postmodernen Erfordernissen orientieren. Eine spirituelle Praxis könnte dazu führen, dass christliche Werte (ein modernes christliches Weltbild) auf eine neue Art und Weise wieder ernst genommen und gelebt werden kann. Nur dann kann es gelingen, dass christliche Werte wieder in die Politik einfließen. Christliche Liebe oder Nächstenliebe - viele Menschen mögen diese Worte schon nicht mehr aussprechen -, könnten auf eine neue globale Weise zum Wegweiser werden und politisches Denken und menschliches Handeln ganz konkret leiten. Diese Werte kommen auch durch die „Weltethos-Erklärung des Parlaments der Weltreligionen" zum Ausdruck. Die spirituellen Übungswege der großen Weltreligionen könnten, so eine Forderung Ken Wilbers, zum Motor einer globalen Evolutionsentwicklung werden.

Teil 6: Taiji und die Wirkung auf die persönliche Entwicklung

Was ist Integrale Entwicklung?

Wenn wir von persönlicher Entwicklung im Taiji (Qigong und Taijiquan) sprechen, müssen wir zunächst klären, was wir darunter verstehen wollen. Der führende Bewusstseinsforscher und transpersonale Psychologe Ken Wilber hat sich ausführlich damit beschäftigt, was wir unter einer integralen Entwicklung verstehen können. Integrale Entwicklung ist eine, im umfassenden Sinne, ganzheitliche Entwicklung, die alle denkbaren Lebensaspekte mit einbezieht: also alle westlichen wissenschaftlichen Ansätze der Erkenntnis - im Wesentlichen naturwissenschaftliche und psychologische Forschung - und die Erkenntnisse der östlichen und westlichen Weisheitstraditionen. Dieser umfassende Ansatz von integraler Entwicklung soll hier skizziert werden. Er bezieht sich auf die Forschungsarbeiten, die Ken Wilber in den letzten 30 Jahren geleistet hat. Leider genießt seine Arbeit immer noch nicht eine allgemein-wissenschaftliche Anerkennung. Wilber ringt jedoch sehr darum. (Alles wirklich Neue hat es oft schwer, siehe Quantenphysik.) Bei einer wachsenden Zahl von Professoren aus den verschiedenen Fachwissenschaften und bei vielen wissenschaftlich gebildeten Menschen finden die Ergebnisse seiner integralen Studien jedoch schon heute eine große Anerkennung.

Wilber nennt mindestens fünf Faktoren, die notwendig sind, um zu einem umfassenden Verständnis von integraler Entwicklung zu gelangen und sie zu verwirklichen. Dazu ist es notwendig, *Ebenen, Linien, Zustände, Quadranten und Typen* von Entwicklung zu unterscheiden, sich selbst in diesem System zu erkennen, zu verorten und an seiner Entfaltung zu arbeiten.

1) Entwicklungsebenen: Sie werden von Wilber auch Stufen oder Wellen der Entwicklung genannt. Dabei unterscheidet er zwischen individuellen und kollektiven Entwicklungsstufen. Die gesellschaftlichen Entwicklungsstufen beziehen sich im Wesentlichen auf die Forschungsarbeit von Jean Gebser. Er hat archaische, magische, mythische, rationale, pluralistische und integrale Stufen (Weltsichten) der Entwicklung herausgearbeitet. Parallel dazu hat die psychologische Forschung erkannt, dass es auch individuelle Stufen der Entwicklung gibt, die jeder Mensch durchlaufen muss, um sich zum Beispiel bis zum rationalen Bewusstsein zu entfalten. Parallele individuelle Ebenen oder Stufen der Entwicklung sind nach Loevinger/Cook-Greuter: symbiotisch, impulsiv, konformistisch, selbst-bewusst, individualistisch und autonom. Entwicklungsebenen können weder in der individuellen noch in der kollektiven Entwicklung übersprungen werden. Sie sind also fester Bestandteil sowohl der individuellen als auch der kollektiven Evolution.

2) Entwicklungslinien: Sie werden auch Ströme der Entwicklung genannt. Zentrale Entwicklungslinien oder -ströme bzw. spezielle Bereich der Entwicklung sind: die *emotionale,* die *kognitive,* die *spirituelle,* die *zwischenmenschliche* und die *moralische Entwicklungslinie.* Weitere Entwicklungslinien sind zum Beispiel: die *musische*, die *gestalterische,* die *kinästhetische*, die *sportliche Entwicklungslinie* usw. oder andere Talente und Begabungen. Wilber nennt mehr als zwanzig Entwicklungslinien. Entwicklungslinien entfalten sich - manchmal spiralförmig - über die individuellen Ebenen oder Wellen der Entwicklung. Sie können keine dieser Ebenen überspringen.

3) Entwicklungszustände sind vorübergehende, wechselnde und manchmal auch dauerhaft erhöhte Zustände des Gewahrseins: *Alltagsbewusstsein (grobstofflich), Traumbewusstsein (feinstofflich/subtil), Tiefschlafbewusstsein (kausal) und Nichtduales Bewusstsein (absolut),* aber auch andere *meditative Zustände, Flow-Zustände* oder *Gipfelerfahrungen.* Diese Bewusstseinszustände können auf allen Ebenen und Linien der Entwicklung spontan (oft in Lebenskrisen) oder durch Schulung auf dem Übungsweg auftauchen oder wirksam werden.

Hier wird deutlich, dass die oben genannten Entwicklungsschritte oder Grade (im Zen: Kensho, Amida, Satori und Zanmai) den vier Bewusstseinszuständen *Alltagsbewusstsein, Traumbewusstsein, Tiefschlafbewusstsein und Nichtduales Bewusstsein* zugeordnet werden können. (Diese Zustände hat Wilber in „Psychologie der Befreiung" fälschlicher Weise noch als Ebenen oder Stufen der Entwicklung bezeichnet: psychisch 7, subtil 8, kausal 9 und absolut 0 und später die Bezeichung korrigiert)

4) Quadranten der Entwicklung: Die Quadranten kombinieren zwei grundlegende Unterschiede des Kosmos: *innen und außen* und *individuell und kollektiv.* Dadurch ergeben sich vier Aspekte: *Das Innen (Ich)* und *Außen (Wir) des Individuums* und das *Innen (Es Einzahl)* und *Außen (Es Mehrzahl = Sie) des Kollektivs.* Alle Ebenen, Linien und Zustände entwickeln sich bei einer gesunden Entwicklung im Gleichgewicht aller vier Quadranten. Nur dann kann von einer umfassenden integralen Entwicklung gesprochen werden.

5) Typen der Entwicklung: sind horizontale Unterschiede in der Entwicklung, wie zum Beispiel: *männlich und weiblich, introvertiert und extrovertiert, gefühlsorientiert und verstandesorientiert, intuitiv und empfindungsorientiert, urteils- und wahrnehmungsorientiert* usw. Typen sind unterschiedliche Ausdrucksformen oder Persönlichkeiten, geprägt u.a. durch kulturelle Unterschiede, die sich über die Entwicklungsstufen in der Regel nicht verändern, die aber durch Übung und bewusste Auseinandersetzung zum Teil (oder ganz) ausgeglichen werden können.

Mit Hilfe des Entwicklungsrahmens nach Wilber können wir den Stand unserer eigenen Entwicklung verorten und sehen deutlich, dass sich die Übungswege, zum Beispiel Qigong, Taijiquan und Zen, vornehmlich auf das Trainieren von Entwicklungszuständen beziehen. Damit wird u.a. die moralische Entwicklung gefördert. Diese kann jedoch je nach der erreichten Entwicklungsebene (Weltsicht) sehr unterschiedlich interpretiert werden, zum Beispiel mythisch, rational oder mystisch. Dabei werden mythisch und Mystik schnell verwechselt, da beide Weltsichten nicht rational sind (Prä/Trans-Verwechslung).

Der integrale Entwicklungsansatz nach Wilber kann parallel und ergänzend zu jedem Übungsweg von großem Nutzen sein, da er den jeweiligen individuellen Entwicklungsstand deutlich erkennen lässt und damit erst eine wirklich tief greifende Entwicklung ermöglicht.

Integrale Entwicklung und Schattenarbeit

Ken Wilber und seine Co-Autoren legen mit „Integrale Lebenspraxis" ein Übungsprogramm vor, das auf eine ganzheitliche Entwicklung parallel zu den traditionellen Übungswegen verweist. Dieses *Übungsbuch* für *körperliche Gesundheit, emotionale Balance, geistige Klarheit und spirituelles Erwachen* führt zu einer umfassenden integralen Entwicklung und Spiritualität. Es besteht aus der Arbeit an vier Kernmodulen: *Schattenarbeit, Körper, Verstand* und *GEIST* und stellt fünf ergänzenden Module vor: *Ethik, Arbeit, Beziehungen, Kreativität* und *Seele*. Für alle Module werden Übungen angeboten. Hier soll insbesondere auf das *Modul Schattenarbeit* eingegangen werden, dem im Rahmen aller Übungswege eine besondere Bedeutung zukommt und das daher auch den Übungsweg Taiji begleiten sollte.

Unter *Schatten* versteht Wilber in Anlehnung an C.G. Jung alle verdrängten und abgespaltenen (dunklen und seltener auch hellen) Persönlichkeitsanteile, die in das Unbewusste zurückgewiesen oder verschoben wurden. Wie unter dem Punkt „Entwicklung im Zen" sehr deutlich wurde, wird insbesondere zu Beginn der Zen-Übungen (Kensho - Kleine Wesensschau) das Unbewusste gelockert und kann massiv ins Bewusstsein treten. Alle stillen und bewegten Formen der Meditation können jedoch auch dazu beitragen, den Schatten weiterhin abzuspalten und ihn ins Unbewusste zu verdrängen. Dies macht dann jede integrale Entwicklung zunichte.

In der Schattenarbeit geht es darum, die verdrängten Persönlichkeitsanteile zu reintegrieren. Dies bewirkt, dass die Energie freigesetzt wird, die uns dadurch verloren geht, dass wir in einem „inneren Boxkampf" mit unserem Schatten unsere Energie verbrauchen. Es kostet also enorm viel innere Kraft, den Schatten ins Unbewusste zu verdrängen. Schattenarbeit lindert nicht nur viele psychodynamische Schmerzen und inneres Leid, sondern kann auch helfen, dass wir in unserer Entwicklung wachsen, statt zu stagnieren.

Findet parallel zur Meditation keine Schattenarbeit statt, so kann das dazu führen, dass der Übende höhere Bewusstseinszustände erreicht, ohne seine „dunkle Seite" bewusst integriert zu haben. So werden nicht akzeptierte Antriebe und Gefühle aus der bewussten Wahrnehmung verdrängt und bestimmen im Verborgenen das eigene Leben. Gelingt eine bewusste Integration, so führt dies zu einer gesünderen Psyche, zu mehr geistiger innerer Klarheit, und die Lebensenergie kommt ins Fließen. Die positiven Seiten der Schattenarbeit wirken sich auf fast alle Lebensbereiche aus: Vitalität, Sexualität, Emotionen, Beziehungen, Arbeit, Finanzen, usw.

Da die Errungenschaften der psychodynamischen Forschung erst in der neueren Geschichte zu Tage gefördert wurden, ist es nicht verwunderlich, dass die alten spirituellen Traditionen sich mit diesem Thema nicht ausreichend beschäftigt haben. Meditation allein kann also nicht den ganzen Menschen transformieren.

Der Prozess der Abspaltung des Schattens geschieht nach Wilber in drei Schritten: Vom Ich (1) zum Du (2) und zum Es (3). Soll der Schatten reintegriert werden, muss dieser Prozess rückgängig gemacht werden: In der Reihenfolge vom Es (3) zum Du (2) zum Ich (1). Die versachlichten Projektionen nach Außen auf Es, Sie, Ihr, Ihm (3) werden zunächst zurückgenommen auf ein persönliches Du oder Dein (2) und im nächsten Schritt in die eigene Person integriert: Mich, Mir, Mein (1).

Ein kurzes Beispiel zur Abspaltung von Angst: „Ich habe Angst" wird zu „Du hast Angst" und im nächsten Schritt zu „die Gruppe hat Angst" oder „der ganze Raum ist voller Angst". Dieser Prozess der Abspaltung muss wieder rückgängig gemacht werden.

Bei leichteren Formen der Abspaltung kann dieser Prozess (Wilber präsentiert in seinem Buch „Integrale Lebenspraxis" einige Beispiele) eigenständig bearbeitet werden. Die äußere Welt kann dabei immer als ein Spiegel betrachtet werden. Alles, was mich in der äußeren Welt oder an anderen Personen stört oder emotional in Wallung bringt, hat mit meinem eigenen inneren Schatten zu tun. Die Aufmerksamkeit auf diesen Lebensaspekt kann uns helfen, uns immer wieder mit den eigenen psychodynamischen Prozessen auseinanderzusetzen, damit die Energie für Wachstumsprozesse freigesetzt werden kann.

Gelingt es uns nicht, die Projektionen zurückzunehmen, liegen in der Regel stärkere Verletzungen und Verwundungen oder sogar traumatische Erfahrungen in der eigenen Psyche vor. Ernsthafte und tiefergehende innere Arbeit erfordert die individuelle Hilfe eines ausgebildeten Psychotherapeuten oder eine Gruppentherapie in intensiven Workshops. Je tiefer und schwerer der pathologische Befund ist, desto notwendiger ist eine Behandlung und desto größer ist der Zeitaufwand, der sich oft über Jahre hinziehen kann. Je gründlicher jedoch der „Keller ausgemistet" wird, desto reicher kann sich das Leben entfalten.

Leider gibt es auch sehr schwere Formen von Psychosen und Schizophrenien, die mit Psychopharmaka behandelt werden müssen und bei denen von Meditation abgeraten werden muss. Liegen jedoch keine medizinischen Veränderungen vor, wird man auch hier versuchen, innere und äußere Arbeit im Gleichgewicht zu halten. Professionelle Schattenarbeit ist bei allen mittleren und schweren Fällen von Pathologie dringend erforderlich, wenn mit Hilfe von Meditation ein integraler Wachstumsprozess angestrebt wird.

Ebenen oder Zustände der Entwicklung

Wie wir weiter oben schon erkannt haben, handelt es sich bei den sogenannten Stufen der Entwicklung im Wuismus und Daoismus (Zuowang, Taijiquan und Qigong) um Entwicklungszustände, die trainiert werden können. Diese Zustände, Wachen, Träumen und Schlafen, treten auf allen Ebenen der Entwicklung, vom Kindesalter bis zum Greisenalter, auf. In der Regel sind die Zustände Träumen und Schlafen jedoch mehr oder weniger unbewusst. Das Training von bewegter und stiller Meditation ermöglicht uns einen bewussten Zugang zu diesen Zuständen zu legen. Wir können trainieren, im Wachzustand, im Traumzustand und im Tiefschlafzustand voll und ganz bewusst und präsent zu sein. Nur das hochtrainierte non-duale Bewusstsein ist jedoch dazu in der Lage, mühelos zwischen diesen Zuständen zu wechseln.

Kollektive Entwicklungsebenen

Archaisch	Ich (Beige)	vor 100.000 Jahren	Existieren: Überleben	Menschliche Wesen, nicht nur Tier sein
Magisch - animistisch	Wir (Purpur)	vor 50.000 Jahren	Sicherheit: Zugehörigkeit, Schutz	Stammeskulturen, archaische Kunst, Magie
Egozentrisch - mythisch	Ich (Rot)	vor 10.000 Jahren	Macht: Ausbruch, Eroberung	Truppen, Eroberungen, Königreiche
Absolutistisch - mythisch	Wir (Blau)	vor 5.000 Jahren	Wahrheit: Ordnung, Heiligung	Staaten, Monotheismus, Transzendenz
Rational	Ich (Orange)	vor 650 Jahren	Freiheit: Rational, Wohlstand	Mobilität, Volkswirtschaft, Forschung
Relativistisch	Wir (Grün)	Vor 150 Jahren	Verbundenheit: Integration, Versöhnung	Menschenrechte, Kollektivismus, Umwelt
Systemisch- integrativ	Ich (Gelb)	vor 60 Jahren	Zusammenschau: Komplexität, Non-Dualität	Komplexität, Chaos, Interdependenz
Integral- holistisch	Wir (Türkis)	vor 40 Jahren	Universalität: Altverbundenheit, Harmonie	Globalismus, weltweite Vernetzung

Abbildung 7: Kollektive Entwicklungsebenen

Die Abbildung 7 zeigt - in sehr groben Zügen - die kollektiven Entwicklungsebenen, über die sich die Menschheit über die Jahrhunderte und Jahrtausende entwickelt hat: vom sehr einfachen archaischen noch in die Natur eingebundenen Bewusstsein bis zum hoch differenzierten und integrierten holistisch ganzheitlichen Bewusstsein.

Die kollektiven Entwicklungsebenen der Menschheit durchläuft auch heute noch individuell jedes Kind, von der Geburt bis zum Greisenalter. Die meisten Menschen im Westen kommen dabei auf den rationalen Ebenen an, und für viele ist dann die persönliche Entwicklung abgeschlossen. Nur wenige trauen sich noch weiter nach vorn. Je weiter die Entwicklung in die oberen Ebenen (oder in die tieferen Ränge – siehe Abbildung 8) fortschreitet, desto weniger Menschen sind mit dabei, weil ihnen in der Regel die notwendige Unterstützung oder der Mut fehlt, eigenständig voranzuschreiten.

Siehe hierzu auch die grobe Übersicht in Abbildung 8. Sie zeigt acht individuelle Entwicklungsebenen, Stufen oder Ränge. In der Spalte ganz links werden die Bewusstseinsebenen dargestellt und in der dritten Spalte der Verlauf des Lebens durch die verschiedenen Lebensalter. In der zweiten Spalte (Abbildung 7 und 8) wird darauf hingewiesen, dass im Wechsel mit jeder Stufe eine Ich- oder Wir-Dominanz in den Vordergrund rückt. Menschliche Entwicklung kann unter optimalen Lebensbedingungen auf gesunde Weise voranschreiten oder sie kann durch Krisen oder Schatten gestört und behindert werden. Der Mensch kann sogar in seiner Entwicklung zurückfallen. Sie hat also immer eine helle und eine dunkle Seite (Spalte 4 und 5, Abbildung 7). Vergleiche zu den Abbildungen 7 und 8 auch das Buch "Gott 9.0 - Wohin unsere Gesellschaft spirituell wachsen wird" von Marion Küstenmacher, Tilmann Haberer und Werner Tiki Küstenmacher (siehe Literaturverzeichnis).

.

Individuelle Entwicklungsebenen

physisch - sensorisch	Ich (Beige)	Säugling 1. Ebene	Schutz	zerbrechlich
phantasmisch- emotional	Wir (Purpur)	Kleinkind 2. Ebene	Sicherheit	hilflos
repräsentie- render Geist.	Ich (Rot)	Kind 3. Ebene	Eigenheit	schwach
Regel/Rollen - Geist	Wir (Blau)	Schulkind 4. Ebene	Wahrheit	eingeschränkt
formal reflex- iver Geist	Ich (Orange)	„Student" 5. Ebene	Wissen	gefühllos
vernetztes Denken	Wir (Grün)	„Erwachsener" 6. Ebene	Erfahrung	langsam
systemisch - in- tegrativer Geist	Ich (Gelb)	„Koordinator" 7. Ebene	Komplexität	kompliziert
umfassender - integraler Geist	Wir (Türkis)	„Visionär" 8. Ebene	Global	wird nicht verstanden

Abbildung 8: Individuelle Entwicklungsebenen

Bildlich gesprochen entwickeln sich die Ebenen vertikal nach oben (senkrecht – bzw. in den Abbildungen 7 und 8 nach unten in die Tiefe), spiralförmig, in Stufen oder Schritten. Drei große Schritte sind:

- vorrational (Beige, Purpur, Rot),
- rational (Blau, Orange, Grün),
- transrational (Gelb, Türkis),

auch sehr vereinfacht Körper, Geist und Seele genannt (siehe Abbildung 4). Zustände dagegen entfalten sich horizontal (waagerecht): vom Wach-, Traum-, Tiefschlaf- zum Non-dualen Bewusstsein. Die vier Zustände können sich daher auf allen vertikalen Ebenen des Bewusstseins entfalten.

Bewusstseinszustände können durch Energiearbeit und Meditation (individuelle und in der Gemeinschaft), durch praktische Übungen (im Stehen, Gehen, Sitzen und Liegen) trainiert werden, während Bewusstseinsebenen individuell und kulturell auf der rationalen Ebene geschult, verstanden und entwickelt werden müssen.

Hier soll nun herausgearbeitet werden, wie und ob trainierte Zustände (durch Energiearbeit und Meditation) die Entwicklung zu höheren Bewusstseinsebenen (zum transrationalen Bewusstsein) auf eine integrale Weise unterstützen und welche Probleme möglicherweise auch auf den unteren Ebenen der Entwicklung (die ja auch im erwachsenen Schüler immer noch verborgen oder schon bewusst vorhanden sind) auftreten können.

Methoden der Energiearbeit mit Taiji (Qigong und Taijiquan) und Meditation können auf den verschieden Ebenen der Bewusstseinsentwicklung also unterschiedliche Auswirkungen haben, die möglicherweise beim Vorhandensein entsprechender Pathologien kontraindiziert sind. Daher ist es wichtig, alle unterstützenden und behindernden Gesichtspunkte für die persönliche Entwicklung deutlich in den Blick zu nehmen. Ken Wilber (integraler Bewusstseinsforscher) und Stanislav Grof (Vater der transpersonalen Psychologie) haben sich in ihren Schriften mit den Auswirkungen der Yoga-Wege und der sitzenden Meditationsformen auf die persönliche Entwicklung beschäftigt. Auf sie werde ich mich immer wieder beziehen, da es zwischen ihnen und den daoistischen Methoden der Traditionellen Chinesischen Medizin (TCM) viele Ähnlichkeiten gibt. (Hierzu gehören im weiteren Sinne: Akupunktur, Kräutermedizin, Ernährungslehre, Tuina-Massagetechniken, Qigong und Taijiquan; zum Teil werden auch stille daoistische Meditationstechniken im Sitzen und Stehen dazugerechnet.) Hier soll jedoch in erster Linie auf Taiji (Qigong und Taijiquan) und sitzende Meditation eingegangen werden.

Viele Aspekte, die hier zur Sprache kommen werden, können auch noch auf andere Übungssysteme und Formen der Energiearbeit übertragen werden, wie z.B. auf das japanische Shiatsu, das aus der Tuina-Massage entwickelt wurde, auf Aikido, soweit es energetisch-meditativ geübt wird, oder auch auf andere im Westen inzwischen entwickelte Formen, mit dem energetischen Körper zu arbeiten, wie z.B. biodynamische Psychologie und Therapie (Massage) nach Gerda Boysen oder die Feldenkraismethode (Moshee Feldenkrais) und

Alexandertechnik (Gerda Alexander) usw.

Die Frage ist nun für mich: Wie wirken Energiearbeit und Meditation auf den Ebenen, um eine menschliche Entwicklung auf die höheren Bewusstseinsstufen (7 und 8) zu fördern? Wie sind diese Methoden anzuwenden, und welche Ergebnisse können auf den verschiedenen Ebenen erzielt werden? Weiterhin beschäftigt mich die Frage, welche Auswirkungen (positive wie möglicherweise kontraproduktive) das Üben auf die unteren Ebenen hat, also auf die rationalen Ebenen 4, 5 und 6 und auf die vorrationalen Ebenen 1, 2 und 3 ? Gibt es bei bestimmten Pathologien Kontraindikationen, bei denen Taiji nicht geübt werden sollte, und inwieweit trifft dies dann auch auf die anderen Methoden der TCM zu?

Aus den Erfahrungen der Übungswege der Weltreligionen wissen wir, dass diese Methoden die geistige Entwicklung fördern. Dies scheint auch für eine energetisch-geistige Übungsweise des Taiji zuzutreffen. Aber wird durch das Üben wirklich eine transpersonale Entwicklung gefördert, die das rationale Denken überschreitet und integriert? Bei der nachfolgenden Reflexion von 8 Entwicklungsebenen (die neunte hat sich noch kaum nennenswert entfaltet) möchte ich auf den untersten Ebenen beginnen.

Entwicklungsebene 1 und 2

Nach Wilber sind meditative Methoden (und damit auch Taijiquan und Qigong) auf der Ebene 1 und 2 bei entsprechenden Diagnosen (Psychose, Narzissmus, Borderline) kontraindiziert, da noch nicht genügend Selbststruktur aufgebaut worden ist. Es scheint aber so, dass die Übungen des Taijiquan anders bewertet werden müssen als die stille sitzende Meditation. Es ist zwar richtig, dass Taijiquan dazu beiträgt, feste Strukturen abzubauen, da das vordringlichste Prinzip das des Entspannens und Loslassens ist. Taiji trägt aber auch dazu bei, innere Festigkeit und klare körperliche Strukturen wieder aufzubauen, die durch die Haltungs- und Bewegungsprinzipien trainiert werden und möglicherweise diese Ebene wieder stabilisieren. Bei mittleren bis schweren Psychosen könnte daher Taiji wirklich kontraindiziert sein. Bei leichten bis mittleren Fällen von Narzissmus und Borderline kann Taiji jedoch, bei einer Zusammenarbeit und bei einer Abstimmung mit einem Therapeuten, vermutlich eingesetzt werden.

Da erwachsene Menschen mit Problemen auf den Ebenen 1 und 2 oft eine sehr feste Muskulatur aufweisen, die bis hin zu einer Körperstarre gehen kann, trägt das Üben von Taiji dazu bei, den physischen Körper zu lockern und zu entspannen und das Loslassen zu üben. Damit kann auch die Schranke der Verdrängung (falls für eine Therapie sinnvoll) gelockert werden.

Viele Menschen mit Pathologien auf der Ebene 1 und 2 fühlen sich, so Wilber, zu den verschiedenen Formen der sitzenden Meditation hingezogen. Dies kann ich aus meiner eigenen Erfahrung mit sitzender Meditation jedoch nicht bestätigen. Wenn das jedoch zutreffen sollte, kann es bei den betroffenen Personen bewirken, dass das Spüren des eigenen Körpers noch mehr abgespalten wird.

Entwicklungsebene 3

Bei den meisten Formen der Pathologie (Borderlineneurosen, Psychoneurosen) auf der Ebene drei kann Taiji sehr hilfreich sein und eine Psychotherapie unterstützen. Ein Abgleiten in eine oder ein Verstärken einer Depression scheint durch das Üben des Taiji nicht ausgelöst zu werden. Menschen mit starken Abwehrmechanismen bzw. mit extrem starken Verspannungen oder Panzerungen, bei denen dann auch der Körper extrem unbeweglich ist, bleiben oft sehr schnell dem Unterricht fern, weil sie sich beim Üben in der Gruppe bewusst werden, wie sehr sie blockiert sind und durch ihr Wegbleiben ihre Abwehr aufrechterhalten können. Für die Übenden mit einer emotionalen Pathologie auf der Ebene 3 scheint das regelmäßige Üben eher eine selbstaktivierende Wirkung zu haben, die dazu beitragen kann, soweit die emotionale Pathologie mit einer Depression verbunden ist, aus ihr herauszuführen. Der Pfad des Taijiquan oder Qigong trägt auch dazu bei, die emotional-sexuellen Energien zu mobilisieren. Er arbeitet jedoch von vornherein sehr stark daraufhin, diese Energien wieder zu erden, zu beruhigen und zu entspannen, aufsteigende Energien wieder abzusenken und im Körper zirkulieren zu lassen, sodass es in der Regel nicht zu einer starken oder extremen emotional-sexuellen Aufruhr kommen wird (im Gegensatz zum Yoga, wenn dort stärker mit den aufsteigenden Energien gearbeitet wird). Auch bei leichter bis mittlerer psychoneurotischer Angst kann Taiji hilfreich sein, es sei denn, diese Angst bezieht sich in erster Linie auf den Körperkontakt mit anderen Personen, weil beim Taiji auch mit Partnerübungen gearbeitet wird. Da beim Taiji in der Regel Gruppenarbeit stattfindet, sollte hier eventuell eine Einzelarbeit bevorzugt werden.

Durch intensives Üben wird mit großer Wahrscheinlichkeit verschiedenes unbewusstes Material (der Schatten) wieder auftauchen, beziehungsweise dessen Verdrängung aufgehoben werden. Wenn dieses Material zu intensiv oder zu stark ist, kann es durch psychotherapeutische Unterstützung bearbeitet werden; bei leichten bis mittleren Fällen kann es durch weiteres Üben und immer wieder neues Bewusstwerden und Loslassen integriert werden.

Entwicklungsebene 4 und 5

Taiji kann bei den meisten Pathologien auf diesen Ebenen geübt werden, mit einer Ausnahme: Jemand, dessen Pathologie Rollenkonfusion oder Rollenkonformismus betrifft oder der Schwierigkeiten mit der Herstellung einer formalen Selbstidentität hat, kann auch beim Taiji dafür anfällig sein, es auf kultartige Weise zu üben, wenn ein Lehrer z.B. einen sehr strengen, kulthaften meditativen Aspekt in seinem Unterricht praktiziert. Indem der Schüler treu zu dieser ‚kulthaften Übungsweise' steht, agiert er ungelöste Identitätsneurosen aus. Da Taiji von den meisten westlichen Lehrern eher selten kulthaft praktiziert wird, ist diese Gefahr nur wenig gegeben. Taiji wird dagegen häufig in einer entspannten, lockeren und heiteren Atmosphäre geübt.

Allerdings findet beim Taijiquan in der Regel nur selten eine reflexive Auseinandersetzung über die inneren Prozesse des Einzelnen statt, deswegen ist Taiji keine klassische Psychotherapie, obschon es psychotherapeutische Wirkung zeigt. Taiji könnte aber durchaus zu einer psychotherapeutischen Methode weiterentwickelt werden, wenn entsprechende reflexive Methoden zwischen Lehrer und Gruppe und Lehrer und Schüler systematisch einbezogen würden, bzw. wenn ein Psychotherapeut Taiji entsprechend unterrichten würde.

Leider kann man in der Taiji-Szene immer wieder beobachten, dass Rationalität und selbst-reflexives Denken abgewertet werden (das falsch verstandene Loslassen des Egos) und dass Fühlen und Spüren ausschließliche Priorität bekommen. Das kann dazu führen, dass der rationale Geist abgespalten wird und eine Regression auf eine niedere Ebene der Entwicklung eingeleitet wird, die dem Übenden schadet bzw. ihn in seiner Entwicklung behindert. Wird Rationalität aber anerkannt und integriert, fördert Taiji auf der Stufe 4 und 5 die Entwicklung, da es zu mehr Körperbewusstsein und zu einer umfassenden Körperintegration beiträgt.

Entwicklungsebene 6

Existentielle Pathologien sind in der Regel kein Hinderungsgrund für Taiji. Dies trifft auch auf die existentielle Angst zu. Menschen mit allgemeinen Störungen auf dieser Ebene empfinden die natur- und körperverbundene daoistische Philosophie des Taiji - die viele Lebensaspekte und insbesondere auch gesundheitliche erklären kann - als sehr wohltuend, weil sie auf einen tiefen spirituellen Sinn hinweist. Leider, und darauf werde ich noch später zurückkommen, wird Taiji oft *nicht* mit der entsprechenden geistigen Tiefe unterrichtet und bleibt dann auf der Ebene 6 hängen. Intensive Körper- und Energiearbeit kann sehr hilfreich sein, den Körper zu entspannen und den Atem im Hara oder Dantien zu zentrieren. Das trägt dazu bei, das Individuum im zentaurischen Selbst (Ebene 6) sicher zu verankern und Gefühl, Ratio und Intuition mehr und mehr zu einer vernetzten Einheit zu verschmelzen. (Der Zentaur ist ein mythologisches Wesen, ein Pferd mit dem Kopf eines Menschen. Er steht hier für die Einheit vom Mensch (Ratio) und Tier (Triebe und Instinkt).

Entwicklungsebene 7 und Traumbewusstsein

Um von einer gesunden Ebene 6 auf eine gesunde und integrierte Ebene 7 voranzuschreiten, ist es für die meisten Menschen unerlässlich, Energiearbeit und Meditation zu praktizieren. Daher wird hier auf der Ebene 7 die Wirkung des Traumbewusstseins, die feinstoffliche spirituelle Entwicklung (oben rechts in den Quadranten nach Wilber) genauer beschrieben. Trainierte Entwicklungszustände wirken, wie schon erläutert, auch auf den unteren Ebenen 1 bis 6 und auf der oberen Ebene 8 und darüber hinaus.

Traumbewusstsein: Im Training der niederen feinstofflichen Ebene richtet sich das Bewusstsein des Übenden nach innen und beginnt in den astralpsychischen (astral = einer dem irdischen Leib innewohnender Ätherleib), meditativen Bereich vorzudringen. Das Bewusstsein ist in der Lage, über den gewöhnlichen grobstofflichen Bereich des Körpers hinauszuwachsen und neue innere und äußere Dimensionen zu entdecken.

Taijiquan und Qigong sind keine Formen systematischer Psychotherapie und sie können sie auch nicht ersetzen. Sie sind dennoch systematische Methoden, die darauf gerichtet sind, durch regelmäßiges Üben über einen längeren Zeitraum, in der Regel mehrere Jahre oder Jahrzehnte, den Energiekörper (das Qi oder Ki) des Menschen zu entwickeln und wahrnehmbar zu machen. Die Entwicklung und Harmonisierung des feinstofflichen Körpers trägt zur Zentrierung und Stabilisierung des Übenden bei und kann, bei entsprechender Anleitung, eine gute Vorbereitung auf dem Weg zu höheren spirituellen Bewusstseinsebenen sein bzw. dahin führen.

Taijiquan und Qigong sind, ebenfalls wie stille, unbewegte Meditation, kein gezieltes Mittel, sich wieder zu den niedrigeren und verdrängten Strukturen des versunkenen Unbewussten vorzuarbeiten, sondern eine Möglichkeit, Auftauchen, Wachstum und Entwicklung der höheren Strukturen des Bewusstseins einzuleiten.

Wenn eine Person mit intensivem Üben beginnt, kann es auch im Taijiquan und Qigong passieren, dass unbewusstes Material (der Schatten) im Bewusstsein auftaucht oder gelegentlich sogar das Bewusstsein überschwemmt. Aber auch hier gilt: Taijiquan und Qigong sind keine aufdeckenden Techniken. Trotzdem kann es zu einer Aufhebung der Verdrängung kommen, weil Taijiquan und Qigong sehr differenziert mit den feinen Strukturen des Körpers arbeiten und damit beginnen, Verspannungen und emotionale Blockaden aufzulösen. Da auch Taiji auf die Entwicklung oder das Fortschreiten des Bewusstseins zu höheren Ebenen oder Dimensionen struktureller Organisation abzielt, muss auch hier die ausschließliche Identifikation mit der „gegenwärtigen Entwicklungsebene" (gewöhnlich mental-ich-haft) aufgehoben bzw. durchbrochen werden. Hier geht es um eine gesunde Relativierung des Egos und darum, die ausschließliche Identifikation damit aufzugeben. Es geht darum, es zu überschreiten und es hinter sich zu lassen und bei Bedarf auf sinnvolle Weise wieder einsetzen zu können.

Prä/Trans-Verwechslung: Dem Phänomen der Prä/Trans-Verwechslung muss auch im Taiji Bedeutung beigemessen werden. Sonst besteht die Gefahr, dass echte kleinere oder größere transpersonale Durchbrüche auf der magischen und mystischen Ebene 2 und 3 gedeutet werden, also auf untere Ebenen des Bewusstseins reduziert werden. Ebenso umgekehrt: dass Erfahrungen, die eher dem emotionalen Bereich oder den mythischen Bildern zugeordnet werden müssen, unberechtigterweise als echte transpersonale Erfahrungen fehlgedeutet bzw. überhöht werden. Präpersonale Erfahrungen sind vor-rational. Menschen mit transpersonalen Erfahrungen überschreiten dagegen das Rationale, beziehen es aber mit ein und integrieren es, während Menschen mit prärationalen Erfahrungen das Rationale abwerten oder verdrängen.

Hier nochmal die drei großen Entwicklungsschritte:

- vorrational (Beige, Purpur, Rot),
- rational (Blau, Orange, Grün),
- transrational (Gelb, Türkis),

auch sehr vereinfacht Körper, Geist und Seele genannt, siehe auch Abbildung 4, 7 und 8.

Energetische Störungen beim Taiji: Durch falsche Visualisierungen und falsche Konzentration können auch beim Taiji energetische Störungen ausgelöst werden. Verschiedene energetische Kanäle sind in der Regel beim Anfänger gestaut und/oder blockiert, über- oder unterversorgt (Fülle und Leere), kreuzen sich oder werden vorzeitig geöffnet. In der Regel nehmen diese Störungen aber eher einen sanften Verlauf, da in der Arbeit mit Taiji keine energetischen Prozesse forciert werden (sollten!) und von vornherein auf eine starke Erdung, Entspannung, Absenkung, auf ein Fließen und Zirkulieren von Energie geachtet wird. Wenn es beim Üben des Taiji zu meditativen Durchbrüchen in den transpersonalen Bereich kommt, können sich hier auch ‚Yogische Krankheiten' einstellen:

Sie treten ein, wenn die Entwicklung der höheren oder psychischen Ebenen des Bewusstseins den physisch-emotionalen Leib übermäßig belasten. Die Intensität dieser Energien kann den ‚niederen Stromkreis' sozusagen zu stark aufladen, was zu vielfältigen Erscheinungen führen kann wie z.B. zu Allergien, Darmproblemen, Herzstörungen, Atemstörungen, Gliederschmerzen, Schweißausbrüchen, Kältegefühlen usw.

Hier können Lehrer und Schüler auf die passiven Techniken (bei denen man sich behandeln lässt und nicht selbst aktiv übt) der TCM (Akupunktur, Kräutermedizin, Ernährungslehre und Tuina-Massagetechniken) zurückgreifen, die sehr hilfreich und unterstützend sein können, wenn sie von bzw. in Absprache mit qualifizierten Ärzten oder Lehrern eingesetzt werden. Darüber hinaus ist es nicht empfehlenswert, die Übungen generell auszusetzen, sondern sie je nach individuellen Möglichkeiten und Befindlichkeiten zu intensivieren oder zu reduzieren oder bestimmte Übungen wegzulassen und andere zu verstärken. Denn nur so kann eine Stabilisierung und Gesundung des physisch-emotionalen Körpers erreicht werden. Ein beschränkter bzw. reduzierter Verzehr von Zucker sowie eine Reduzierung oder ein Verzicht auf Koffein (und Teein), Nikotin und auf Alkohol und andere Drogen tragen zudem zu einer weiteren Stabilisierung des Übenden bei.

Ein energetisches Ungleichgewicht sollte der Schüler immer mit seinem Taiji-Lehrer klären. Diese Ungleichgewichte können durch eine „falsche Praxis" des Übens entstehen, aber auch durch andere Ursachen ausgelöst werden. Sie können sich durch verschiedene Symptome ausdrücken wie z.B. milde, frei schwebende Angst, psychosomatische Probleme wie Kopfschmerzen, geringfügige Arrhythmien des Herzens, Darmstörungen usw., die aber in der Regel durch richtiges Üben wieder verschwinden. Sie zeigen aber auch, wie wichtig es ist, energetische Techniken nur bei einem authentischen und qualifizierten Taiji- oder Meditations-Lehrer zu lernen bzw. sich von ihm begleiten zu lassen.

Wie schon angedeutet, werden die Methoden der TCM Akupunktur, Kräutermedizin und Ernährungslehre ebenso wie Tuina-Massagetechniken in der Regel als (passive) gesundheitliche Behandlungsmethoden von entsprechend ausgebildeten TCM-Ärzten angewandt. Im Sinne eines meditativen Übungsweges können sie bei entsprechenden energetischen Ungleichgewichten unterstützend eingesetzt werden. Sie können dazu beitragen, den Energiekörper wahrnehmbar zu machen, ihn zu stabilisieren und somit zu einer grundlegenden Sensibilisierung und Sensitivierung der Selbst- und Fremdwahrnehmung führen. Diese unterstützenden Methoden selbst sind keine Übungswege. Sie können aber, je nach dem Entwicklungsstand des Behandlers, unterschiedlich sensitiv-intuitiv eingesetzt werden und damit einen transzendierenden inneren Prozess fördern.

Entwicklungsebene 8 und eventuell darüber hinaus?

Da Taiji im Westen oft nicht mit der notwendigen Tiefe unterrichtet wird, können die höheren Entwicklungsebenen (über die rationalen Ebenen hinaus) mit Hilfe von Taiji oft nicht erreicht werden. Das Wissen über die spirituellen und meditativen Bereiche des Taiji ist häufig sehr begrenzt (siehe Untersuchung des Wissens über Meditation bei Taiji-Lehrern von Klaus Moegling). Das beruht auf der Einschätzung, dass es im Westen nur wenige authentische Taiji-Lehrer gibt, die diese höheren Transformationsstufen - die auch der Daoismus lehrt - verständlich mit den Techniken und Methoden des Taiji darstellen und vermitteln können. So sind viele Lehrer ausgebildet worden, die Taiji eher im sportlichen Sinne, im Sinne von Entspannung und Gesundheit unterrichten und vielleicht noch daoistische Lebensphilosophie vermitteln. Selten jedoch wird Taiji im Sinne eines authentischen spirituellen Übungsweges weitergegeben. Oft liegt im Unterricht die Betonung auf der Entwicklung des Energiekörpers, insbesondere beim Qigong (Traumbewusstsein). Leider endet dort oft schon eine weitergehende Entwicklung im meditativen Sinne und stille stehende und sitzende Meditation (in Richtung Tiefschlafbewusstsein) werden oft leider nicht oder nicht ausreichend praktiziert. Stattdessen entsteht beim Taiji ein größeres Interesse an den Selbstverteidigungsaspekten, und die innere Suche wird damit schnell auf eine falsche Fährte gelenkt. Damit soll nicht gesagt werden, dass die höheren Stufen in den Selbstverteidigungsaspekten des Taiji nicht zu finden wären, sondern es wird vielmehr deutlich darauf hingewiesen, dass die Suche oft in Richtung magisch-mythische Bildphantasien ‚sensationeller' Techniken der Selbstverteidigung (“der geniale Pusch im Wettkampf') fehlgeleitet wird. Anstatt also eine progressive Entwicklung einzuleiten, findet eine regressive Entwicklung statt und suchende Taiji-Schüler fallen in der Entwicklung zurück bzw. bleiben auf den unteren Ebenen hängen.

Will man Taiji im Sinne eines spirituellen Übungsweges auch für die höheren Ebenen der Entwicklung nutzen, 7 und darüber hinaus, so fehlt oft die klare Anleitung eines authentischen Lehrers. Wird Taiji mit authentischer Anleitung, voller Konzentration und Aufmerksamkeit, mit Hingabe an die Übung im Sinne eines meditativen Übungsweges praktiziert, so hat es jedoch gegenüber sitzenden Formen der Meditation große Vorteile: Die biologisch-körperliche Basis wird von vornherein in umfassendem Sinne einbezogen. Ein Abdriften in fortgeschrittene Erfahrungen, wie es bei der sitzenden Meditation vorkommen kann, wird vom Taiji in der Regel nicht ausgelöst, da es immer im Stehen geübt wird und damit eine sichere Standfestigkeit und eine gesunde Erdung ein Hauptbestandteil der Übungspraxis sind. Die Daoisten sagen, Himmel und Erde gehören zusammen, aufsteigende Energien werden gleichzeitig mit absteigenden oder sinkenden Energien geübt. Taiji versucht nicht, schnell bis zur höchsten Erfahrungsstufe vorzudringen, wie das zum Beispiel beim Zen der Fall ist, sondern zunächst werden durch die intensive Körperarbeit die „feinstofflichen und subtilen Körper" wahrnehmbar und integriert. Erst wenn diese solide integriert werden konnten, ergibt sich wie von selbst, bei einem konsequenten Weiterüben, ein Entwicklungsprozess hin zur Stille des Tiefschlafbewusstseins. Durch die intensive Einbeziehung des Körpers wird von vornherein eine integraler Entwicklungsprozess eingeleitet. Sie führt selten zu durchbrechenden Erfahrungen wie beim Zen, hat jedoch den außerordentlichen Vorteil, dass diese Erfahrungen dann nicht mehr mühevoll integriert werden müssen. Der Integrationsprozess findet kontinuierlich und langsam fließend, fast nicht wahrnehmbar, mit jeder Bewegung immer wieder statt. Das führt in Kombination mit dem Sitzen zu besseren und integrierten Ergebnissen der Entwicklung.

Zusammenfassung

Taiji (Taijiquan und Qigong) ist keine strukturbildende Technik, keine aufdeckende Technik, keine Technik zur Skriptanalyse und auch keine Technik des sokratischen Dialogs (Freiraum schaffen durch

Fragen und Gegenfragen). Es kann diese Techniken nicht ersetzen und sollte ebenfalls, wie stille, sitzende Meditation, nicht als Umgehungsstraße benutzt werden, um wichtige, auf diesen Ebenen erforderliche, innere Arbeit zu leisten. In Verbindung mit Analyse oder anderen Therapieformen kann Taiji jedoch bei vielen Formen der Pathologie auf den Ebenen 2 und 3 hilfreich sein, auf den rationalen Ebenen 4, 5 und 6 unterstützend wirken und auf den Ebenen 6 und 7 eine Körperintegration fördern, die für die höhere spirituelle Entwicklung so wichtig ist.

Taiji arbeitet im therapeutischen Sinne intensiv mit dem Körper, sodass nach und nach eine sehr viel größere Bewusstheit in der Bewegung entsteht, die sich vom körperlichen auf den seelischen und dann den geistigen Bereich überträgt. Diese Arbeit mit dem Körper trägt dazu bei, blockierte Emotionen zu lockern, Ängste aufzulösen und somit verdrängtes psychisches Material an die Oberfläche zu bringen, da nicht nur der Körper, sondern auch die Psyche ‚gelockert' wird. Taiji ist eine typische Methode, mit den Bewusstseinszuständen zu arbeiten, um den Energiekörper zu entwickeln und das Fließen des Qi wahrzunehmen. Es greift aber auch zurück auf den emotionalen Vitalkörper der Ebene 2 und den ‚Elan Vital' der Ebene 1 (eine der Evolution und biologischen Lebensprozessen innewohnende schöpferische Entwicklungstendenz). Dadurch können therapeutische Vorgänge und Prozesse auf den unteren Ebenen, insbesondere auf der Ebene 3, eine starke Unterstützung und Stabilisierung erhalten, da im Taiji immer darauf hingearbeitet wird, die eigene Mitte zu stärken und sich zu zentrieren. Durch Taiji kann eine intensive Schulung von Konzentration und gerichteter Aufmerksamkeit erfolgen. Dies führt zu innerer Stille und zu einer intensiven Schulung des GEISTES. Taiji ist ein integraler Übungsweg, der Körper und Geist gleichermaßen schult und trainiert.

Leider bleibt Taiji häufig auf den Ebenen 5 und 6 hängen und führt nur selten zu der Ebene 7 und darüber hinaus. Da nur wenige Lehrer und Meister selbst eine höhere Ebene der Entwicklung erreicht haben, und ihnen eine eindeutige Landkarte der Entwicklung fehlt, wird Entwicklung oft zu einem zufälligen Nebeneffekt.

Wenn es jedoch gelingen würde, Taiji direkt mit psychotherapeutischen Methoden zu verbinden, wäre ein *umfassenderer integraler Ansatz* von Entwicklung (Übungsweg plus Schattenarbeit bzw. Therapie) möglich, der diesen Namen verdient.

Jeder authentische Lehrer oder Meister, der Schülerinnen und Schüler solide auf ihrem Weg bis zu den höchsten Stufen und bis zur Meisterschaft begleitet, kann so nur immer wieder auf die Notwendigkeit von Schattenarbeit für eine gesunde integrale Entwicklung verweisen und bei Bedarf seine Schüler entsprechend weitervermitteln oder gezielt mit erfahrenen Therapeuten zusammenarbeiten.

Teil 7: Taijiquan und „innere Kampfkunst"

Innere und äußere Kampfkunst

In den 70er Jahren wurde Taijiquan bei uns als Schattenboxen bekannt. Oft stehen heute die äußeren Aspekte der Kampfkunst im Vordergrund. Jedoch bezeichnen manche Meister und Lehrer Taijiquan auch als eine Innere Kampfkunst. Dieser Begriff scheint mit der alten Bezeichnung Schattenboxen verwandt zu sein. Was jedoch kann man unter „Schattenboxen" und/oder einer „inneren Kampfkunst" verstehen?

Wir können uns dem Begriff „Innere Kampfkunst" (Schattenboxen) am ehesten nähern, wenn wir uns zunächst klarmachen, was unter einer „Äußeren Kampfkunst" zu verstehen ist. Der Begriff „Äußere Kampfkunst" legt nahe, dass es hier um eine Strategie der Selbstverteidigung geht. Äußere (harte) Kampfkunst wurde im alten China geübt, um sich selbst zu verteidigen und um bei Angriffen zu überleben. Aber wenn es wirklich um Leben und Tod geht, sind die Grenzen zwischen Angriff und Verteidigung oft schwer zu erkennen. Selbstverteidigung kann schnell zum „Angriffskrieg" werden, nach dem Motto: Angriff ist die beste Verteidigung. Die Grenzen zwischen wirklichem Selbstschutz mit dem Ziel, den Angreifer nicht mehr zu „beschädigen" als unbedingt erforderlich, und dem Ausagieren eigener Aggressionen gegen einen tatsächlichen oder vielleicht nur vermeintlichen Angreifer verschwimmen.

Auch um den Umgang mit eigenen Aggressionen zu trainieren und zu kontrollieren (also um angstfrei oder angstfreier zu werden), wurde und wird Taijiquan als Partnerübung oder Wettkampfsport zwi-

schen zwei „Kontrahenten" geübt. Werden hierbei die Taiji-Prinzipi-
en beachtet und respektiert (insbesondere das Prinzip von Wuwei =
„Nicht-Tun" auch als Sein statt Haben oder Sein statt etwas erreichen
zu wollen bzw. als müheloses Bemühen umschrieben), dann kann
nach meiner Auffassung bereits von einer inneren Kampfkunst gesprochen werden. Die Grenze zu einer äußeren Kampfkunst liegt für
mich dort, wo die Taiji-Prinzipien verletzt werden. Entsprechen die
Wettkampfregeln nicht den Taiji-Prinzipien (egal, ob es sich um eine
Wettkampfveranstaltung mit festen Spielregeln oder um freies Pu-
shen handelt), kann nach meiner Auffassung nicht mehr von innerer
Kampfkunst die Rede sein. Dies ist auch immer dann der Fall, wenn
an und für sich faire Wettkampfregeln (die an den Taiji-Prinzipien
ausgerichtet sind) verletzt werden und es letztendlich nur noch (koste
es was es wolle) um ein hartes Sich-Durchsetzen oder Gewinnen
geht.

Im Wettkampfsport besteht die Gefahr, dass, je weiter der Einzelne
auf der Karriereleiter nach oben steigen möchte, immer höhere Leis-
tungsanforderungen an das Training und an die Vorbereitung auf
einen Kampf gestellt werden. Der Stress, der Druck, die Erwartung,
einen Kampf zu gewinnen, kann für den Kämpfer oder die Kämpferin
außerordentlich belastend sein (sodass sogar zum Doping oder zu anderen unfairen Methoden gegriffen wird), insbesondere dann, wenn
der Kampf verloren geht oder wenn es sogar physische Verletzungen
gibt. Die Erfahrungswelt wird dann oft gespalten in Gewinner und
Verlierer, Gute und Schlechte. Das grundlegende Denken hinter dieser Art harter Kampfkunst oder Leistungssport ist dasselbe wie das
überzogene Leistungsdenken in unserer westlichen Industriegesell-
schaft. Es spaltet die Menschen ebenfalls in Gewinner und Verlierer,
Reiche und Arme, Arbeit-Besitzende und Arbeitslose usw.

Zu den „äußeren Kampfkünsten" dieser Art gehören zum Beispiel
Boxen, Ringen und Fechten aus der westlichen Tradition und Sport-
arten wie Judo, Karate, Taekwando, Kungfu usw. aus der östlichen
Tradition. Diese Übungstraditionen, soweit sie als reines Trainings-
programm absolviert werden und die Aufmerksamkeit beim Üben
voll auf die Bewegung oder den Atem und die Selbstwahrnehmung
gerichtet ist, können durchaus als meditativer innerer Entwicklungs-

weg trainiert werden. Es besteht aber die Gefahr, ebenso wie im Taiji, dass sie, wenn sie als Vorbereitung auf einen „Wettkampfsport" trainiert werden, zu einer rein äußeren Kampfkunst werden und nur auf ein Ziel ausgerichtet sind: möglichst viele Kämpfe zu gewinnen.

Wenden wir uns nun wieder dem „Schattenboxen" bzw. der inneren Kampfkunst zu: Ein wichtiges Unterscheidungsmerkmal der inneren Kampfkunst zur äußeren Kampfkunst ist für mich, dass sie nicht darauf ausgerichtet ist, einen Kampf um jeden Preis zu gewinnen, sondern dass es darauf ankommt, aus einem „Kampf" bzw. einer Auseinandersetzung mit einem Partner oder einer Partnerin zu lernen, denn das Lernen und Verstehen (der Taiji-Prinzipien) ist für mich der entscheidende „Gewinn". So gesehen machen im Sinne eines meditativen Übungsweges bewertete Wettkämpfe wenig Sinn, da sie oft eine Atmosphäre schaffen, die differenziertes Lernen unmöglich macht bzw. in der es verloren geht. Ob es sich also um eine innere oder äußere Kampfkunst handelt, ist von der inneren Einstellung des Lehrers bzw. des Schülers abhängig und davon, ob allein dem Leistungs- und Wettkampfsgedanken gehuldigt wird.

Zu den „inneren Kampfkünsten" zählen traditionell Aikido aus Japan und Baguazhang, Xingyiquan und Taijiquan aus China. Aber ob sie als solche bezeichnet werden können, hängt davon ab, „wie" sie ausgeführt werden.

Taijiquan wird jedoch nicht nur als „innere Kampfkunst" bezeichnet, sondern ist auch eine Form der „Gesundheitsvorsorge" und der „Meditation in Bewegung". Findet bei allen drei Übungsaspekten eine Konzentration auf den Atemrhythmus oder die langsam fließenden Bewegungen statt, so kann nicht nur von innerer Kampfkunst, sondern auch von einem „ganzheitlichen Übungsweg" gesprochen werden. Dann dienen alle drei Aspekte des Taijiquan der Entspannung des Körpers, dem energetischem Gleichgewicht und dem Leeren des Geistes mit dem Ziel des Einswerden mit dem Dao, also der inneren Kampfkunst. Dann haben innere Kampfkunst und Übungsweg dieselbe Bedeutung.

Taijiquan als innere Kampfkunst

Die Chinesen preisen Taijiquan als einen *Weg der Lebenspflege* (Yangsheng) für körperlich-geistige Gesundheit und Langlebigkeit. Taijiquan wurde, so der Mythos, von einem alten heiligen Mann in den Bergen (Zhang Sanfeng) entdeckt, der den Kampf eines Kranichs (Symbol für den Himmel, Yang) mit einer Schlange (Symbol für die Erde, Yin) beobachtete und, dadurch tief inspiriert, eine hochkomplexe und sehr effektive innere Kampfkunst (zur Vereinigung von Himmel und Erde im Menschen) entwickelte. Zur inneren Kampfkunst des Taijiquan gehört zum Training des Kampfkunst-Aspekts die Auseinandersetzung mit einem Übungspartner.

Wenn im Westen ebenso wie im Osten ein Schüler oder eine Schülerin beginnt, Taijiquan zu lernen, wird er oder sie sich als erstes mit dem Erlernen einer kurzen oder langen Form auseinander setzen müssen und daher gleichzeitig bei der gesundheitlichen (körperlichen) und meditativen (geistigen) Seite dieser Kunst beginnen. Parallel dazu oder darauf aufbauend wird der Lehrer oder die Lehrerin mit der Einführung oder dem Üben der Partnersequenzen oder dem Tui Shou (Push Hands) das Verständnis der Formen vertiefen. Ein Großteil des Übungsaufwandes wird aber immer zunächst in das Erlernen eines komplexen Bewegungsablaufes investiert werden müssen. Das Üben der Formen hat zum Ziel, die *innere und äußere Selbstwahrnehmung zu schulen*, Körper und Geist wieder durchlässiger (für Intuition) zu machen und damit den eigenen Energiehaushalt besser spüren zu lernen. So kommen Körper (physisch, biologisch, gefühlsmäßig - Jing), Energie (feinstoffliche und subtile Energie - Qi) und Geist (Verstand und Aufmerksamkeit oder Achtsamkeit - Shen) ins Gleichgewicht (Herz, Bewusstsein, wache Präsenz, Intuition - Xu) bzw. in Einklang.

Beim korrekten Erlernen einer Form können die klassischen Haltungs- und Bewegungsprinzipien des Taijiquan sehr hilfreich sein. Anhand dieser Prinzipien kann die eigene Form reflektiert und ihr Verständnis vertieft werden. Diese Prinzipien, die hier nicht in allen

Einzelheiten dargestellt werden sollen, können kurz wie folgt zusammengefasst werden: Fest *verwurzelt* in der Erde (Punkt der sprudelnden Quelle und unteres Dantian), *aufgerichtet* zum Himmel (Scheitelpunkt und oberes Dantian), *bewegt aus der eigenen Mitte* des Rumpfes (mittleres Dantian - Herz/Intuition), Schritt für Schritt voran im *rhythmischen Fluss* des Lebens (stirb und werde), verbunden mit dem Atem des Lebens (dem kosmischen Qi) und durch *Loslassen,* Sich-Ausrichten auf das DAO, das Taiji, das HÖCHSTE LETZTE (die GOTTHEIT, wie Meister Eckehart, ein christlicher Mystiker, es ausdrücken würde). Das Ziel, EINS ZU SEIN mit dem Dao, kann willentlich nicht herbeigeführt werden. Es ist letztendlich ein Geschenk: nur erreichbar mit Wuwei (Nicht-Handeln, Handeln ohne zu handeln, aktionslose Aktion, dem Lauf der Dinge folgen) und DE (spontanes Handeln aus der Mitte), wie die Daoisten sagen. Es geht darum, sein Ich, sein Ego loszulassen, zu sein, statt etwas haben oder erreichen zu wollen. Auch der bekannte Taiji-Meister Cheng Man-Ching, der Taijiquan über New York in den Westen brachte, betonte immer wieder gegenüber seinen Schülern, wie wichtig das körperliche und geistige Loslassen ist. Denn erst dies ermöglicht, alle Prinzipien in der Form gleichermaßen zu berücksichtigen und zu verwirklichen.

Lernen beim Üben der Formen

Bei der Auseinandersetzung mit der *Form* und den *Haltungs- und Bewegungsprinzipien* gibt es auf verschiedenen Ebenen unterschiedliche Zustände zu erfahren und zu trainieren. Daraus kann der Übende viel für sich lernen:

(1) Auf der *physischen (körperlichen oder grobstofflichen)* Ebene geht es u.a. um die Gesetze der Körperstatik und Körpermechanik, um den Schwerpunkt des Körpers und die Orientierung in der raumzeitlichen Perspektive von Bewegung. Der Schüler kann lernen, Muskeln und Sehnen zu entspannen und mit innerer Unruhe und mit evtl. auftauchenden Schmerzen angemessen umzugehen.

(2) Die körperliche Ebene geht nahtlos über in die *untere energetische* Ebene. Der Schüler lernt, wie es sich anfühlt, wenn er die Form richtig macht. Manchmal fühlt er sich steif und unbeholfen, manchmal fließen die Bewegungen leicht. Er kann aber auch spüren lernen, was geschieht, wenn Verspannungen oder energetische Stauungen sich auflösen. Der Körper beginnt zu zittern, zu kribbeln, zu jucken. Er wird warm, heiß oder kalt und beginnt zu schwitzen. Plötzlich können bestimmte Körperregionen intensiv wahrgenommen werden und ein inneres Strömen von Energie setzt ein.

(3) Eng verbunden mit dem Atem und der vitalen energetischen Ebene sind oft unterschiedlichste *Gefühlsempfindungen und innere Bilder*. Beginnt die Körperstarre sich zu lösen, können nach intensivem Üben sowohl große Müdigkeit als auch euphorische Zustände auftauchen. Alte Krankheitssymptome können vorübergehend aufflackern und spontane Gefühlsäußerungen von Freude, Trauer, Wut, Ärger, Hass, Gier oder Angst können, ohne konkreten Anlass oder durch Partnerübungen angestoßen, hochkommen. Wir lernen unsere Gefühle und inneren Bilder wieder besser kennen und wahrzunehmen.

(4) Die klarere Bewusstwerdung von Gefühlen fordert die Ebene des *subtilen vernetzenden Denkens* heraus. Wer bin ich, dass ich solche Gefühle habe? Was macht mir Angst? Warum habe ich eine Abneigung gegen Partnerübungen? Mein Selbstbild, mein Ich, mein Ego muss neu definiert oder losgelassen werden, wenn ich mich verändern und in meine Mitte kommen möchte. Aber auch das kann mir Angst bereiten. Ich muss neue Worte finden, um meine neuen körperlichen, energetischen und gefühlsmäßigen Erfahrungswelten ausdrücken oder beschreiben und integrieren zu können, und dies sowohl auf den unteren als auch auf den noch folgenden Ebenen innerer Entwicklung.

(5) Über das Denken hinausgehend, stoßen wir auf die *obere energetische (niedere und höhere feinstoffliche)* Ebene. Sie ist immer schwerer mit der Ratio zu fassen und mit Worten auszudrücken, aber auch sie möchte mitgeteilt werden. Sie lässt feinere Fließ- und Ver-

netzungszusammenhänge, sowohl im eigenen Inneren als auch in den alltäglichen (äußeren) Erfahrungswelten erkennen. Je mehr wir lernen, das Entstehen dieser Synergien und *Koordinationen* zu erfassen, desto mehr können wir sie nutzen.

(6) Die höchste Ebene jedoch ist eine rein geistige. Auf dieser Ebene der *mystischen Erfahrung (des Nichts)* kommen wir in die Stille, in die klare wache Präsenz oder Aufmerksamkeit (Achtsamkeit). Das Denken kommt für kurze Zeit ganz zum Stillstand, die GANZHEIT, das GANZ-SEIN oder das DAO, das Namenlose, das mit Worten nicht auszudrücken ist, wird erfahrbar, wenn es gelingt, von allen äußeren Vorstellungen und Konzepten vollkommen loszulassen. Dies erfordert ein hohes Maß an Vertrauen, ein sich vollständiges Versenken in die Übung.

(7) Wenn Übung und Alltag *in Einklang gefallen* sind, werden alle Zustände als Einheit erfahren. Hier ist der Übende zum Meister, zum „Unsterblichen" geworden, der sich mit allem identifiziert - der ganze Alltag ist ein Üben und ein Sein.

Lernen bei den Partnerübungen

Die Aufgabe beim zusätzlichen Trainieren der Partnersequenzen ist es, die Haltungs- und Bewegungsprinzipien auch in diesen Übungen beizubehalten, bzw. sie mit Hilfe des *Partners als Spiegel* in der Anwendung der *13 Taiji-Techniken* (oder dreizehn Grundstellungen) zu überprüfen. Die dreizehn Grundstellungen können hier nicht näher dargestellt werden, sollen aber kurz genannt werden. Sie bestehen aus „acht Techniken" und „fünf Schrittarten":

Die acht Techniken (Bagua ch'üan) werden unterteilt in Schiebende Hände (Tui Shou) und das große Ziehen (Dalü). Die Schiebenden Hände bestehen aus: Abwehren (Peng), Zurückrollen (Lü), Drücken (Ji) und Stoßen (An). Das große Ziehen (Dalü) besteht aus: Nach-unten-Ziehen (Cai), Spalten (Lie), Ellenbogenstoß (Zhou) und Schulterstoß (Kao).

Die fünf Schrittarten (Bufa) werden Vordringen (Jin), Zurück-schreiten (Tui), Nach-links-Blicken (Zuogu), Nach-rechts-Blicken (Youpan) und Zentriertes Gleichgewicht (Zhongding) genannt. Zu-dem kommen beim Üben mit einem Partner weitere wichtige Berei-che des Lernens hinzu. Hierzu zählen in besonderer Weise:

1) Ein *fester Stand* bzw. gutes nach unten Sinken und „Wurzeln" (Chen).

2) Die *Einheit des Körpers in der Bewegung* (aus dem Center Equili-brium) = zentriertes Gleichgewicht) bzw. die Bewegungskoordinati-on von Fuß, Bein, Becken, Rumpf, Arm und Hand, auch „ohne Arme" genannt.

3) *Sich entspannt vom Partner bewegen zu lassen.* Auch in diesem „Lassen" steckt Loslassen (Fangsong). Loslassen von (Muskel-)Kraft und weiches, sanftes Nachgeben bzw. die Kraft des Partners neutrali-sieren.

4) *An der Bewegung des Partners kleben oder haften.* Damit ist ge-meint: in den Bewegungssequenzen die Verbindung aufrecht halten, den Kontakt nicht verlieren im Wechsel der Bewegung von Führen (Yang) und Folgen (Yin) - im Sinne von „nicht weglaufen" und „kei-nen Widerstand leisten". Hier werden vier Taktiken unterschieden: nach unten folgen (Zhan), auch „haften" genannt; nach oben folgen (Nian), auch „verbinden" genannt; nach hinten folgen (Tie), auch „zusammenfügen" genannt und nach vorn folgen (Sui), einfach „fol-gen" genannt.

5) Zu zweit in einen *harmonischen (rhythmischen) Bewegungsfluss* kommen, in dem sich Yin und Yang ergänzen, im Sinne von Wuwei (dem Lauf der Dinge folgen, Handeln ohne zu handeln, aktionslose Aktion, Nicht-Tun, müheloses Bemühen).

Die Optimierung der Bewegungsabläufe im energetischen Sinne ist im Taijiquan sehr eng mit den effektiven Techniken der Anwendung in der Selbstverteidigung verbunden. Diese Techniken zu kennen, kann daher sehr dazu beitragen, die Bewegungen noch klarer und gerichteter auszuführen und den Energiefluss zu verbessern. Ein entspannter, gesunder, beweglicher Körper mit einer klaren und festen inneren Struktur und ein wacher und aufmerksamer Geist sind Voraussetzungen, um sich effektiv verteidigen zu können. Die spielerischen und fließenden Partnerübungen des Taijiquan eröffnen zudem neue Erfahrungshorizonte im zwischenmenschlichen Umgang und im feinfühligen Kontakt miteinander. Die Auseinandersetzung mit den Anwendungen des Taijiquan und ihre Erprobung in den Partnerübungen baut Berührungsängste ab, stärkt die Selbstwahrnehmung und das Körperbewusstsein und fördert Selbstvertrauen und Selbstbewusstheit. Nur wer übertriebene Angst abbaut und angstfreier wird, kann sich jederzeit effektiv verteidigen und die körperlichen und geistigen Techniken des Taijiquan anwenden.

Nur dann kann es gelingen, noch tiefer in die Geheimnisse des Tuishou (Push Hands) einzudringen bzw. die höheren geistigen Stufen (Cheng Man-Ching) zu erreichen:

a) Das *Horchen* (Tingjin): sich selbst und den Partner wahrnehmen, fühlen, spüren mit ganzer Aufmerksamkeit und wacher Präsenz.

b) Das *Verstehen* (Dongjin) von Yin und Yang, des „horizontalen und vertikalen Kreises" (bei der „Mühstein-Übung" und bei der „Rad-Übung" im Bogenstand) und „der Spiraldynamik" (in den Bewegungen der Anwendung). Bewegung wahrnehmen, bevor sie entsteht (intuitiv oder aus der Logik der vorangegangenen Reaktionen).

c) Die *vollkommene Klarheit* (Shenming) oder die vollkommene Aufmerksamkeit des Geistes entspricht nach Cheng Man-Ching der angesammelten Kraft von „Wind, Wasser oder Wolken". Dies wird von ihm auch „wundersame Geschwindigkeit" oder „Kraft ohne Kraft" genannt, womit rein geistige Kraft gemeint ist. Diese Ebene ist mit Worten nicht mehr zu vermitteln, sondern nur der persönlichen Erfahrung zugänglich.

Intuition, Schnelligkeit und Reaktionsvermögen werden nach langem

Üben so gesteigert, dass der Übende unabhängig von der Anwendung von Techniken reagieren kann (Cheng Man-Ching:) „Ich brauche keine Techniken". Dies setzt ein Üben voraus, in dem es um ein „Investieren in das Verlieren" (Cheng Man-Ching), um ein Loslassen geht. Nur wer oft genug „verliert" bzw. loslässt, das heißt der Versuchung widersteht, auf grobe Kraft zurückzugreifen, wenn sein Gleichgewicht in Gefahr ist, kann „gewinnen", weil er aus dem Verlieren gelernt und die Taiji-spezifischen Fähigkeiten weiterentwickelt hat. Es geht darum, „1000 Pfund mit 4 Unzen aus dem Gleichgewicht zu bringen", also auf den richtigen raum-zeitlichen Moment zu warten. Den Partnern muss es gelingen, „von Zentrum zu Zentrum miteinander in Kontakt" zu kommen. Dem Partner zu folgen bis in seine Fehler, bringt ihn zu Fall (also aus dem Gleichgewicht).

Der Push im richtigen Moment, im richtigen Timing, ohne harte Muskelkraft, fühlt sich auch für den Partner, der gestoßen wird, leicht, federnd, energetisch und doch (unwiderstehbar) kraftvoll an - als wenn zwei Bälle aneinanderprallen: Der stärkere Ball lässt den schwächeren Ball wegfedern. Auch der gestoßene Partner hat dabei ein angenehmes Gefühl, kein Gefühl von brutaler Gewalt, sondern ein Gefühl von (einsichtsvoller) innerer Zustimmung: Ja, das war's - das war ein Volltreffer! Ein Push voll aus der Mitte! Das Trainieren dieser Mitte ist für mich ein wesentliches Ziel der inneren Kampfkunst. Ein Push aus einem tiefen inneren Seinszustand heraus - der wie von selbst entsteht - kann also sowohl beim Stoßen als auch beim Gestoßenen eine tiefe innere Erfahrung von EINS-SEIN auslösen.

Das Trainieren des Pushing Hands führt zum Tijin - zur „entwurzelnden" oder hebenden Energie: ein optimal koordinierter spontaner Impuls im Kontakt mit dem Boden aus dem unteren Dantian, der Loslassen, Aufmerksamkeit, Qi, Atmung, Technik und Bewegung in Einklang bringt. Hinzu kommen noch die drehende, schraubende oder spiralförmige Energie (Cansijin) und die „explodierende" Energie (Fajin = entspannte Kraft entladen/freigeben), die auch mit einem Kampfschrei ausgeübt wird. Dies setzt eine große Weichheit und Entspanntheit voraus, da sonst innere Organe verletzt werden können. Dazu ist es allerdings notwendig, zunächst die haftende Energie (Nianjin), die nachgebende (Tsoujin) und die hörende Energie (Tingjin) zu trainieren. Vollendung in der Anwendung der drei Kampftechniken/Energien (Tijin, Cansijin, Fajin) wird nur derjenige erreichen, der auch die höheren Energien (Tingjin, Dongjin und Shenming) gemeistert hat. Ein Zeichen für die Meisterung dieser Energien ist nach *Huang Sheng-Shyan* (einem Meisterschüler Cheng Man-Chings) die „empfangende Energie" (Jiejin), bei der Nachgeben, Neutralisieren und Abgeben oder Ausstoßen von Energie gleichzeitig ablaufen bzw. zu einer Einheit geworden sind.

Innere Kampfkunst als Übungsweg

Versteht man Taijiquan im alten daoistischen Sinne in erster Linie als einen *körperlich-geistigen Übungsweg zum Einswerden mit dem Dao,* dann sind die *Formen und Partnersequenzen ein Weg der Auseinandersetzung, ein Weg des Lernens*, ein Boxen mit dem eigenen Schatten, den eigenen Schwächen, den eigenen Gefühlen, dem eigenen Denken, den eigenen Energien, dem eigenen Ego; eine *innere Kampfkunst* also (über viele Schritte und Stufen), sein Qi zwischen den Polaritäten Yin und Yang ins gesunde (körperlich-energetisch-geistige) Gleichgewicht, in die eigene Mitte zu bringen, um das meditative Ziel, die EINHEIT oder das Eins-Sein mit dem DAO, zu erreichen.

Übt ein Schüler in diesem Sinne Taijiquan, wird er in der Regel kein großes Interesse an den äußeren Kampfkünsten zeigen, denn es geht ihm nicht ums Gewinnen, sondern um den „Gewinn des Lernens". Die Erfahrungen, die Lerninhalte des Taijiquan, können dann, je mehr Übungspraxis der Schüler mitbringt, desto besser *auf den Alltag übertragen* und im Alltag gelebt werden. Die meisten Taiji-Schüler wollen keine Kampfkünstler im Äußeren Sinne werden. Sie wollen in ihre eigene Mitte kommen, ihre Gesundheit und ihr Leben ins Gleichgewicht bringen, mit der Umwelt in ökologischer Harmonie leben und ihre sozialen, ökonomischen und kulturellen Beziehungen erfolgreich gestalten. Dann wird Kampfkunst zu einer Disziplin, in der es darum geht, mit allen Situationen im Alltag und mit sich selbst angemessen umzugehen. Weisheit und Mitgefühl zu trainieren, die männliche und die weibliche Gottheit in sich selbst in Einklang zu bringen. Denn „alles ist gut so wie es ist" (Weisheit) und „alles kann noch verbessert werden" (Mitgefühl). In dieser tiefen Paradoxie steht das Leben: denn Immanenz und Transzendenz sind Eins. Wenn aus dieser inneren Perspektive heraus ein Schüler sich in den Kampfkünsten (oder im Wettkampfsport) messen will, so kann und darf er oder sie es natürlich tun, denn: Gewinnen im sportlichen Wettkampf ist nicht verboten. Und wer rein leistungsorientiert darauf aus ist, Trophäen und Preise zu sammeln, darf das auch tun. Er muss sich nur fragen lassen, ob seine „Erfolge" den Taiji-Prinzipien entsprechen bzw. ob er sich nicht selbst ausbeutet.

Denn letztendlich geht es um die innere Meisterschaft, um das *Eins-Sein mit dem DAO*. „Wenn die Fische gefangen sind", sagen die Daoisten, „braucht der Fischer das Netz nicht mehr". Wenn die vollkommene Meisterschaft erreicht ist, braucht der Schüler die Form und die Partnerübungen nicht mehr. Wenn die vollkommene innere Freiheit erreicht ist, wird die vollkommene wechselseitige Abhängigkeit bzw. die Einheit alles Lebendigen permanent erfahrbar. Aber: Da vollkommene Meisterschaft ein hochgestecktes Ziel ist, wird jeder Schüler oder Meister sein Üben täglich vervollkommnen.

Zusammenfassung und Reflexion nach Wilber

Der Begriff „innere Kampfkunst" als eine Bezeichnung für Taijiquan wird hier als spiritueller Übungsweg verstanden und interpretiert und dem Verständnis einer „äußeren Kampfkunst" gegenübergestellt, die sich durch das Trainieren von Muskelkraft und technischen Fähigkeiten auszeichnet. Eine innere Kampfkunst zielt also auf die geistige Entwicklung des Schülers, die sich nach Wilber über vier Bewusstseinsstufen horizontal ausbreiten kann und eine senkrechte oder spiralförmige Bewusstseinsdynamik unterstützen und indizieren kann.

Die dargestellten „sechs Bereiche des Lernens" beim Üben der Taiji-Formen korrespondieren mit den Bewusstseinszuständen nach

Wilber, einer Verfeinerung der Wahrnehmung vom Alltagsbewusst-sein hinein in einen feinstofflich, subtilen und kausalen Zustand der Ruhe und Stille – vom Wachbewusstsein zum Traumbewusstsein und über das Tiefschlafbewusstsein zum non-dualen Bewusstsein. Diese Wahrnehmungsentfaltung schult und fördert ein intuitives integrales und ganzheitliches Erfassen der Wirklichkeit.

Ein westlicher Schüler oder eine westliche Schülerin wird sich in der Regel in seiner oder ihrer Bewusstseinsentwicklung auf den ratio-nalen Ebenen 4 bis 6 befinden, daher kann er oder sie vom dargestell-ten Training der Bewusstseinszuständen sehr profitieren. Auch die oben erläuterten Übungs-Bereiche für Partnerübungen fördern eben-falls die Entwicklung zu höheren Ebenen oder Stufen (7 und 8) des Bewusstseins.

In der Traditionellen Chinesischen Medizin (TCM) und im Taijiquan und Qigong wird Qi (kosmische Energie – auch als Überbegriff) in drei Aspekte unterteilt: in Shen (meist mit Geist oder Bewusstsein übersetzt), Qi (meist mit vitaler Lebensenergie übersetzt) und Jing (meist mit Essenz oder mit vorgeburtlicher Energie übersetzt). Das „kosmische Qi" als Sammelbegriff darf jedoch nicht mit der alten daoistischen Transformationskette: von Jing, zum Qi, zum Shen, zum Xu, zum DAO (siehe unter Teil 2: Vergleich der Übungswege durch Bewusstseinszustände) verwechselt werden, die mit den Wilberschen Bewusstseinszuständen korrespondiert.

Auch die weiteren Aspekte des Taiji-Partnertrainings können den genannten Bewusstseinszuständen zugeordnet werden: „Horchen" (Tingjin) und „Verstehen" (Dongjin) dem Traumbewusstsein, und „Vollkommene Klarheit" (Shenming) dem Tiefschlafbewusstsein.

So wird auch im Wilberschen Sinne deutlich, dass Taijiquan ein ei-genständiger energetisch-geistiger Übungsweg ist, der von vielen westlichen und östlichen Lehrern und Meistern leider als ein solcher nicht wirklich erkannt und unterrichtet wird.

Durch die Zuordnung der Taiji-Form-Übungen und der Taiji-Part-ner-Übungen zu den Wilberschen Entwicklungszuständen wird klar, dass es sinnvoll ist, zunächst mit dem Üben der Formen zu beginnen und damit im Wachbewusstsein den Körper zu lockern und zu entspannen (Ebene 4 bis 6), um dann in der Vertiefung mit Form- und Partnerübungen die feinere Wahrnehmungsentwicklung in den Zuständen zu trainieren und damit die Impulse zu setzen, in der individuellen Entwicklung auf die die höheren Ebenen (7 und 8) fortzuschreiten.

Eine klare Zuordnung der Taiji-Form- und der Taiji-Partner-Erfahrungsbereiche verhindert zudem das Problem der *Prä/Trans-Verwechslung bzw. Prä/Trans-Vermischung,* auf das Wilber aufmerksam gemacht hat und das eine klare geistige Entwicklung durch Fehlinterpretationen der Wahrnehmung verhindern kann.

Teil 8: Taiji im Management

Taiji für unterschiedliche Zielgruppen

Taijiquan kann jeder, unabhängig von Alter, Geschlecht und Religionszugehörigkeit, erlernen, soweit er oder sie dazu in der Lage ist, sich längere Zeit im Stehen zu bewegen. Im traditionellen westlichen Taijiquan-Unterricht sind in einer Gruppe alle Altersstufen vertreten. Daher bringen die Teilnehmer oft sehr unterschiedliche gesundheitliche Voraussetzungen und Vorerfahrungen mit Bewegung mit. Für eine Gruppe hat dies viele Vorteile in Bezug auf ein gemeinsames Lernen, soweit die Gruppe dazu bereit ist, diese Situation fruchtbar zu nutzen. Häufig ist es jedoch schwierig, sehr unterschiedliche Voraussetzungen und Interessen „unter einen Hut zu bringen". Daher werden in neuerer Zeit immer mehr Taiji-Gruppen für unterschiedliche Zielgruppen angeboten: für Kinder, Jugendliche, Erwachsene, Senioren und Hochbetagte.

Aber nicht nur nach Altersstufen wird unterschieden. Es gibt auch Gruppen für Menschen mit speziellen gesundheitlichen Problemen: für Krebsbetroffene, Tinitus- und Rheumapatienten, für Menschen mit psychosomatischen und orthopädischen Einschränkungen, für Herz-Kreislaufpatienten, für Drogen- und Alkoholabhängige, für Jugendliche im Strafvollzug usw. Weitere Zielgruppen sind: Übungsleiter im Gesundheitssport, Ergo- und Physiotherapeuten, Tanz- und Bewegungslehrer, Sportler und Sportlehrer, Kampfkünstler unterschiedlichster Richtungen, usw., häufig verbunden mit der Vorstellung, sie zu Kursleitern und Lehrern auszubilden. Derartige Angebote können sehr sinnvoll sein, da es so leichter ist, spezielle methodisch-didaktische Ansätze zu entwickeln und einzusetzen und den Unterricht auf Inhalte, die auf die jeweilige Zielgruppe abgestimmt sind, zu konzentrieren.

Eine besondere Zielgruppe können auch Menschen sein, die im mittleren und gehobenen Management tätig sind, da sie besonderen Stressfaktoren unterliegen und oft zeitlich in ihre Arbeit sehr eingespannt sind. Dazu gehören u.a. Verkäufer, Führungskräfte, Selbständige, Freiberufler und Unternehmer aus allen Branchen.

Durch Taiji zu mehr Effektivität im Management

Die „Stressfaktoren" für Führungskräfte und Manager/innen sind unter den derzeitigen Bedingungen der globalen und lokalen Markt- und Konkurrenzsituation besonders groß. Zudem ist die „Informationsflut" im Internet- und Medienzeitalter derart gewachsen, dass anstehende Entscheidungen oft unter hohen „Unsicherheitsfaktoren" getroffen werden müssen. In dieser Situation ist es für alle im Management tätigen Personen außerordentlich hilfreich, einen guten Zugang zu den eigenen Gefühlen zu finden und ein hohes Maß an intuitiven Fähigkeiten zu besitzen. Da dies auf Grund der häufig kopflastigen schulischen und universitären Ausbildung leider nicht der Fall ist, wird ein Intuitions- und Entspannungstraining für Führungskräfte und Manager unerlässlich. Qigong und Taijiquan bringen als Übungswege sehr gute Voraussetzungen mit, „Gefühl und Intuition" bzw. das sogenannte „Fingerspitzengefühl" über die Auseinandersetzung mit dem eigenen Körper wieder zu entdecken. In einer sich schnell verändernden Welt können Entscheidungen oft nicht mehr sorgfältig und langfristig vorbereitet werden. „Richtiges Handeln (Agieren und Reagieren) auf turbulenten Märkten" ist auf ein hohes Maß an Gefühl und Intuition angewiesen, da nicht die Zeit bleibt, alle Unwägbarkeiten zu analysieren. Auch in der „Mitarbeiterführung und in der Teamarbeit" sowie im „Kontakt mit den Kunden" (sich in die Kundenwünsche einfühlen) sind Gefühl und Intuition gefragt. „Entwicklungen und Trends am Markt" können oft am besten intuitiv „vorausgeahnt" und erfasst werden. Ein ganzheitliches Erfassen der Situation der

Kunden (des Marktes) und der Mitarbeiter (des Unternehmens), verbunden mit dem notwendigen Veränderungs- und Entwicklungspotential im Unternehmen, macht ein neues „ganzheitliches Fingerspitzengefühl" erforderlich, zu dem Qigong und Taijiquan durch regelmäßiges Üben führen können. Die gezielte „Langsamkeit und Entschleunigung" durch das Bewegungssystems im Taiji führen zu einer tieferen Aufdeckung und Wahrnehmung der Gefühle und der eigenen intuitiven Kräfte. (Soweit Gefühle auf krankhafte Weise verdrängt wurden, kann hier auch psychotherapeutische Hilfe notwendig werden.) Neben rationaler Analyse und Wissensverarbeitung werden Gefühl und Intuition, also ein „ganzheitliches Bewusstsein", für schnelle (und grundlegend richtige) Entscheidungen im Management unerlässlich, da sie oft unter unsicheren Bedingungen (nicht vollständige Informationsverarbeitung) getroffen werden müssen.

Wenn Qigong und Taijiquan als „Gefühls- und Intuitionstraining im Management" eingesetzt werden soll, ist ein besonderes didaktisch-methodisches Vorgehen erforderlich. Hierbei sind neben den Übungen (Einzelübungen, Partnerübungen, gemeinsame Gruppenübungen) spezielle Lehrgespräche, Kurzmoderationen und Aussprache in der Gruppe Mindestvoraussetzungen, um den Sinn der Übungen zu erklären und im Übenden und in der Gruppe zu verankern.

Folgende Übungsbereiche sollten für ein „Gefühls- und Intuitionstraining" gezielt eingesetzt und angesprochen werden:

- Übungen zum Stressabbau, Konzentrations- und Entspannungstraining
- Übungen zur Wahrnehmungs- und Aufmerksamkeitsschulung
- Übungen zum Körper- und Bewusstseinstraining
- Übungen zur Stärkung der Lebensenergie und Lebensfreude
- Übungen zur Förderung der Selbstentwicklung und Bewusstseinsentfaltung

Nutzen von Taiji für Management und Unternehmen

Wenn hier nachfolgend vom „Nutzen des Taiji" die Rede ist, so bezieht sich dieser Nutzen auf den speziellen Einsatz von Qigong-, Taijiquan- und Zen-Übungen unter den oben beschriebenen Bedingungen für eine Lerngruppe aus Führungskräften und Managern/innen. Diese Nutzenbeschreibung ist ein Versuch, die Vorteile der genannten Übungswege aus einer „betriebswirtschaftlich-ganzheitlichen Sichtweise" für Management und Unternehmen zu beschreiben.

Nutzen für das Management:

- Führungskräfte und Manager werden ausgeglichener, ruhiger, entspannter. Dadurch steigen das Leistungspotential, die Arbeitsfreude und die Arbeitseffektivität. Das eigene Energiepotential wird besser genutzt.
- Die Übenden lernen, die geistigen Prinzipien, die auch im Unternehmen gelten, am eigenen Körper zu erfahren. Sie lernen neue Sicht- und Handlungsweisen, die dazu führen, die eigene und fremde Selbstentfaltung als sich gegenseitig bedingend zu sehen. Dies hilft, das eigene Unternehmen und die Mitarbeiter, einschließlich der Kunden, als „große sich entfaltende Familie" wahrzunehmen.
- Durch praktische Körperübungen wird deutlich, welchen Nutzen der Einzelne aus dem neuen Köperbewusstsein ziehen kann. Die Erfahrungen z. B. von Polarität und Loslassen können auf die Erfordernisse des Unternehmens übertragen werden.
- Manager und Führungskräfte lernen, auf ihre Gefühle und ihre Intuitionen zu achten, sie besser wahrzunehmen und ihnen mehr zu vertrauen. Dies ist die Voraussetzung, um unter Einbeziehung rationaler Fakten schnell richtige Entscheidungen treffen zu können. Es entsteht ein neues „ganzheitliches Fingerspitzengefühl".

- Die Übungen steigern die Wahrnehmung für die eigenen Bedürfnisse und führen zu einem besseren Umgang mit sich selbst und anderen. Sie wirken aufhellend bei psychosomatischen Beschwerden und depressiven Verstimmungen und sind eine effektive Form der Gesundheitsvorsorge.
- Körperbewusstsein wird als Quelle und Grundlage für Ruhe und Kraft, Lebendigkeit und Lebensfreude erkannt, auf denen Erfolg ohne gesundheitliche Schäden (wie zum Beispiel im Leistungssport) wachsen und gedeihen kann.

Nutzen für das Unternehmen:

- Die körperliche Beweglichkeit von Führungskräften und Managern fördert die geistig-seelische Anpassungsfähigkeit und Flexibilität. Das kommt der Unternehmensentwicklung bei allen anstehenden Veränderungen zugute.
- Die Übenden werden kooperativer und freundlicher, weil sie lernen, mehr auf fließende Energien (Veränderungsprozesse) und Harmonie zu achten. Das führt dazu, dass es ihnen leichter fällt, sich in das Unternehmensganze einzufügen. Die Zusammenarbeit wird harmonischer und erfolgreicher.
- Gefühls- und Intuitionstraining trägt dazu bei, die Lebensqualität zu steigern, Druck in Sog bzw. Anziehungskraft zu verwandeln, innere Kündigung in Identifikation und Individuation, Macht in Partnerschaft, Misstrauen in Vertrauen und Egoismus in Wir-Gefühl und verantwortungsbewusstes Handeln.
- Qigong, Taijiquan und Za-Zen können als „Unternehmenssport" wesentlich zur Verbesserung des Unternehmensklimas und der Unternehmenskultur beitragen, insbesondere, wenn Mitarbeiter aus allen Unternehmensbreichen sich an Übungsgruppen im Unternehmen beteiligen.

Sollen besonders effektive und wirkungsvolle Übungen für den Einsatz im Führungskräfte -und Management-Training ausgewählt werden, so bieten sich zwei unterschiedliche Herangehensweisen an: Zum einen können Übungen ausgewählt werden, die auf besondere

Weise die Philosophie und die Haltungs- und Bewegungsprinzipien des Qigong und Taijiquan vermitteln, die auf andere Weise auch im Za-Zen wieder zu finden sind. Und zum anderen kann ausdrücklich Bezug genommen werden auf den inneren Kampfkunstaspekt des Taijiquan, der viele physisch-energetisch-geistige Konfliktlösungsstrategien enthält, die auf die verbale Kommunikation übertragen werden können.

Hieraus ergibt sich die Einteilung in zwei Übungsbereiche zum Trainieren von Intuitions- und Gefühlswahrnehmung:

1. *Taiji-Prinzipien erfahren* durch Qigong und Zen-Übungen
2. *Innere Kampfkunst-Prinzipien erfahren* durch Partnerübungen aus dem Taijiquan

Taiji-Prinzipien erfahren durch Qigong und Zen

Die „fünf zentralen Haltungs- und Bewegungsprinzipien des Taijiquan" können sehr gut mit einfachen Qigong-Übungen vermittelt werden. Dafür ist es nicht erforderlich, die umfangreichen, komplexen und zeitaufwändigen Bewegungsabläufe des Taijiquan zu lernen. Auch im Zen (Sitzen in Stille) sind diese Prinzipien auf eine unbewegte Art und Weise erfahrbar.

Die Wirkung dieser Prinzipien soll hier unter dem Gesichtspunkt der Vermittlung im Management und in Bezug auf die Übertragbarkeit auf das Unternehmen dargestellt werden:

1) Sinken: Entspannen fördert die innere Ruhe und den Kontakt zur Erde. Das heißt, unrealistische gedankliche Höhenflüge und ein Abheben werden vermieden. Das Sinken fördert eine realistische Einschätzung der jeweiligen Lage und ein gesundes Selbstvertrauen.

2) Aufrichten: Das Aufrichten auf der Grundlage eines festen Standes fördert das Selbstvertrauen und das Selbstbewusstsein. Das Gefühl des inneren „Gehaltenseins von oben" fördert eine wache Aufmerksamkeit und einen klaren, von Wertungen freien Geist.

3) Zentrieren: Das Bewegen und Handeln aus der inneren Mitte (Herzmitte = Intuition) zwischen Kopf und Bauch, Scheitelpunkt und Füßen, Aufrichten und Sinken, Verstand und Gefühl, fördert die Sensibilität für ausgewogene Entscheidungen.

4) Fließen: Die Wahrnehmung von fließenden Veränderungsprozessen führt dazu, geduldig auf den richtigen Zeitpunkt für Entscheidungen zu warten oder spontan schnell zu handeln und zum richtigen Zeitpunkt seine eigenen Positionen in Teamprozesse erfolgreich einzubringen, um damit notwendige Veränderungen mitgestalten zu können.

5) Loslassen: Geistiges Entspannen und Loslassen des Denkens führen zur inneren Stille und Ruhe und zu einem tieferen Bewusstsein; zu einer offenen sinnlichen Präsenz (Sehen, Hören, Spüren, usw.), zur Wahrnehmung der kosmischen Ganzheit und zum SEIN. Dieser Bewusstseinszustand führt durch regelmäßiges Üben zu einer ganzheitlichen Wahrnehmungsfähigkeit mitten im Alltag.

Das Prinzip des „Loslassens und der wachen Präsenz im Augenblick" (Achtsamkeitstraining) ist das Bindeglied der weiter oben beschriebenen höchsten Entwicklungsstufen des Geistes und der Intuition - beschrieben durch die daoistischen Entwicklungsprinzipien *Wuwei, De, Dao und Taiji. Wuwei* verstanden als „nicht handeln" im Sinne von loslassen bzw. "keinen Widerstand leisten" und „nicht weglaufen", was im Taijiquan auch „haften" genannt wird und im übertragenen Sinne auch als am Ball bleiben, im Kontakt bleiben und als „müheloses Bemühen" verstanden werden kann. *De* verstanden als ein geistiges intuitives Handeln aus der eigenen inneren Mitte (siehe Zentrieren), im Kontakt mit der inneren Wesensnatur. *Dao* verstanden als eine intuitive Erfahrung des kosmischen Urgrundes, der Leere, des Nichts, und *Taiji* verstanden als die Realisierung dieser Erfahrung in der Aufhebung aller Gegensätze von Yin und Yang im Alltag bzw.

mitten in den Arbeitsprozessen.

Bei der Auswahl geeigneter Übungen aus Qigong, Zen und Taijiquan sollten diese Grundprinzipien und Entwicklungsstufen für die Vermittlung an Manager/innen und Führungskräfte im Vordergrund stehen.

Innere Kampfkunst-Prinzipien erfahren durch Partnerübungen aus dem Taijiquan

Die weiter oben dargestellten Prinzipien der „innere Kampfkunst" können sehr gut mit Übungsfiguren und Übungsanwendungen aus den Taiji-(Qigong und Taijiquan)Formen und den Partnerübungen geübt und vermittelt werden. Die Wirkung der in den Partner-Übungen enthaltenen Prinzipien soll hier ebenfalls unter dem Gesichtspunkt der Vermittlung im Management und in Bezug auf die Übertragbarkeit im Unternehmen dargestellt werden:

1) Ein *fester Stand durch Sinken*: In den Partnerübungen wird klar, wie wichtig dieser Aspekt ist: Entspannen und Loslassen sind wichtige Voraussetzungen für einen festen Stand. Deutlich zu wissen, „wo" ich stehe, zum Beispiel im Bezug zu einem Partner, und „wofür" ich stehe, damit ich für meine Position gegenüber Mitarbeitern, Vorgesetzten oder Kunden usw. einen klaren Standpunkt vertreten kann.

2) Die *Einheit des Körpers in der Bewegung* bzw. die Bewegungskoordination von Fuß, Bein, Becken, Rumpf, Arm und Hand: Dieser Aspekt der Bewegungskoordination (auch „ohne Arme" genannt) macht deutlich, dass eine Veränderung in einem Teil oder einer Abteilung des Unternehmens oder im Arbeitsteam eine Veränderung in allen anderen Bereichen nach sich zieht. Eine Bewegung aus der Mitte oder aus dem Zentrum (Koordinatenkreuz) bewegt also immer das ganze Unternehmen (alle Mitarbeiter) und alle Kunden (den ganzen Markt).

3) *Sich entspannt vom Partner im Yin-und-Yang-Prinzip bewegen lassen:* Auch in diesem „Lassen" steckt Loslassen: Loslassen von festgefahrenen Meinungen und weiches, sanftes Nachgeben bzw. die Kraft des Partners (bei einem Angriff: Aggressionen, Grenzüberschreitungen, Diffamierungen, Beleidigungen usw.) zu neutralisieren, d. h. ins Leere laufen zu lassen (zum Beispiel durch „aktives Zuhören" bzw. genaues Nachfragen den Angreifer besser kennen lernen). Im Yin-und-Yang-Prinzip wird der Aspekt der gegenseitigen Ergänzung unterschiedlicher Fähigkeiten und unterschiedlicher Rhythmen deutlich, die sich zu einer Bewegungs- oder Handlungsganzheit verbinden. Yang (aktiv) wandelt sich in Yin (passiv - Energie aufnehmen), und Yin (passiv) wandelt sich in Yang (aktiv - Energie abgeben).

4) *Anhaften* beim *Führen (Yang) und Folgen (Yin)* in der Auseinandersetzung: Anhaften im Sinne von am Partner „kleben", die Verbindung aufrecht halten, den Kontakt nicht verlieren; und Führen und Folgen im Sinne von „nicht weglaufen" und „keinen Widerstand leisten". Dies sind Grundprinzipien einer gelungenen lernenden, kreativen Kommunikation: in Kontakt kommen, Gemeinsamkeiten und Ergänzungen von Stärken und Schwächen erkennen, in Kontakt bleiben.

Durch „aktives Zuhören" (Folgen) zum Beispiel können die Schwächen eines Angreifers erkannt werden und über seine Schwächen kann sein Angriff bzw. „sein Ball" zurückgegeben werden (Führen), wenn der Yin-Yang-Bewegungsfluss aufrechterhalten wird. Hartes Abgrenzen blockiert also die Kommunikation, die Verständigung und Lösungsmöglichkeiten und bringt die Gefahr von ernsthaften Verletzungen (Verlusten) mit sich, die zu tiefgreifenden neuen Aggressionen führen können.

5) Zu zweit in einen „*harmonischen* (rhythmischen) *Bewegungsfluss (Kommunikationsfluss)"* kommen: Es geht um den sich ergänzenden Aspekt von Yin und Yang, im Sinne von *Wuwei* (dem Lauf der Dinge folgen, Handeln ohne zu handeln). Durch Harmonie in der Kommunikation entsteht Leichtigkeit im Entscheiden und Handeln, und es

kommt Lebensfreude auf. Zwei unterschiedliche Positionen ergänzen sich zu einem höheren Ganzen und ergeben Synergie-Effekte, aus der beide Partner Nutzen und Gewinn ziehen können: Neue Problemlösungen entstehen.

Weitere Aspekte der *Vertiefung von Wuwei* sind:

a) Das *Horchen:* Sich selbst und den Partner wahrnehmen, fühlen, spüren mit ganzer Aufmerksamkeit und wacher Präsenz. Diese hohe Form von „Horchen", im Sinne von Feinfühligkeit und Sensivität, führt zu einer verstärkten intuitiven Wahrnehmung.

b) Das *Verstehen* von Yin und Yang, von horizontalen und vertikalen Kreisbewegungen, aus der eine spiraldynamische Kommunikation entstehen kann: Es geht darum, Bewegungsfluss (Kommunikation) wahrzunehmen, bevor er entsteht (intuitiv oder aus der Logik der vorangegangenen Prozesse und Reaktionen). Diese höhere Form von Verstehen (kein Nachdenken, sondern eher ein intuitives Erkennen) in Form von höherer Sensivität führt zu einer vorausschauenden intuitiven Wahrnehmung von dynamischen Informations- und Kommunikations-Prozessen.

c) Die *vollkommene Klarheit* oder die „vollkommene Aufmerksamkeit" des Geistes kann nur in Bildern beschrieben werden. Sie entspricht nach Cheng Man-Ching der angesammelten Kraft von „Wind, Wasser oder Wolken". Dies wird von ihm auch „wundersame Geschwindigkeit" oder „Kraft ohne Kraft" genannt, womit rein geistige Kraft gemeint ist. Diese Ebene ist mit Worten nicht mehr zu vermitteln, sondern nur der persönlichen Erfahrung zugänglich. Diese höchste Form von vollkommener Klarheit ist wie ein glasklarer Spiegel, der alles Geschehen, im Alltag und in der Arbeit, sofort reflektiert und klar widerspiegelt: eine „vollkommene Form von Intuition".

Auch *Teamprozesse* können durch harmonische Gruppenübungen im Kreis, zum Beispiel aus dem Bagua (Gehen im Kreis in bestimmten Anwendungs-Figuren mit gemeinsamen Richtungswechseln), oder durch meditative Gehübungen gefördert und stabilisiert werden. Dabei können ebenso die oben genannten Prinzipien und Stufen als Hintergrund für die Auswahl der Übungen hilfreich sein. Das Üben des „Einschwingens auf einen gemeinsamen Gruppenrhythmus" in der Bewegung bzw. in der Kommunikation ist eine Grundvoraussetzung für erfolgreiches Team-Management.

Bei der Auswahl geeigneter Übungen und „Techniken" aus den Partnerübungen des Taijiquan sollten die genannten Grundprinzipien in der Vermittlung im Vordergrund stehen. Alle dargestellten Prinzipien der inneren Kampfkunst können auf der körperlichen Ebene deutlich erfahren werden und sind mit der Vertiefung des Übens auch auf geistiger Ebene im Alltagsbewusstsein präsent. Durch das Einprägen von körperlichen Mustern bis tief in das *Muskel-, Organ- und Zellbewusstsein* wird es durch langjähriges und regelmäßiges Üben von Taiji-Partnersequenzen möglich, hohe Stufen der Klarheit und des Gewahrseins des Geistes zu realisieren und damit höchste Formen von „wahrer Intuition" zu entwickeln.

Zusammenfassung des Nutzens für Unternehmen und Ökonomie

Regionale und internationale Unternehmen und ihre Führungskräfte und Manager/innen werden auf dem globalen Markt in Zukunft immer mehr gefordert, Entscheidungen zu treffen, die friedliche, ökologische, soziale, kulturelle und politische Normen und Spielregeln der jeweiligen Standorte auf intuitive (und rational nachvollziehbare) Weise mit einbeziehen. Taiji als Übungsweg ist dazu in der Lange, heilende Kräfte im Übenden freizusetzen, die bei einem integralen Handeln auf das jeweilige Umfeld übertragen werden und für Mensch und Unternehmen eine heilende Bewusstseins-Evolution einleiten können.

Taiji wird hier als ganzheitlicher, integraler Übungsweg verstanden. Wenn es so im Unternehmen eingesetzt wird, hat es die Aufgabe, die eigene Unternehmenskultur mit den sozial-ökonomischen

Strukturen und Erfordernissen des Unternehmens in Einklang zu bringen. Die subjektive Wahrnehmung einer Unternehmenskultur, die über „Taiji-Partner-, Team- und Gruppenübungen" (Managementtraining) trainiert werden kann, hat Auswirkungen auf die technisch, soziale und objektive Seite des Unternehmens. Die durch das Üben von Taiji entstandenen gemeinsamen Werte und Normen wirken dann auch nach außen (auf potentielle Kunden und Mitarbeiter), auf die kulturellen und sozialen Strukturen der Mit- und Umwelt und können helfen, auch diese im Unternehmenssinn neu zu gestalten. Es werden also ganz neue Energien und Kräfte mobilisiert!

Teil 9: Daoist-Sein und Christ-Sein im Westen

Magische, mythische, rationale und mystische Religiosität

Menschliches Leben entfaltet sich in der Evolution. Es bewegt sich zwischen den Polen Geburt und Tod, männlich und weiblich, Sinn und Unsinn, Einsamkeit und Geborgenheit, Kindheit und Erwachsensein, Individualität und Gemeinschaft, innen und außen, Himmel und Erde, Erschaffung und Auflösung, Yin und Yang. „Überall, wo menschliches Leben ist, gibt es Zeugung und Empfangen, Verheißung und Not, Freud und Leid, Sicherheit und Angst, Schutz und Gefahr, Sattheit und Hunger, Wachen und Schlafen, Krankheit und Heilung. In all diesen Gegensätzen erscheint das LEBEN." (Karlfried Graf Dürckheim)

In diesem polaren Spannungsfeld der Evolution entwickelt sich das menschliche Bewusstsein vom archaischen über das magische und mythische zum rationalen und transrationalen bzw. mystischen oder integralen Bewusstsein (Jean Gebser, Ken Wilber). Diesen Bewusstseinsebenen entsprechen verschiedene Stufen von Religiosität: die archaische Religiosität der Schamanen, die magische der Hexen und Medizinmänner, die mythische der Priester der großen Weltreligionen, die rationale der westlichen Theologen und die mystische Religiosität der Weisen und Meister aller spirituellen Weisheitstraditionen wie Hinduismus, Buddhismus, Taoismus, Judentum, Islam und Christentum.

Auch der Daoismus in China hat diese Entwicklungsstufen durchlaufen. Der Daoismus, der in den Westen gekommen ist, wird auch als

Euro-Daoismus bezeichnet. Er ist in erster Linie ein philosophischer Daoismus, der hier von vielen westlichen Taiji- und Qigong-Schülern und Lehrern gepflegt wird. Der religiöse Daoismus in China, der auch als Volksdaoismus bekannt ist, enthält noch viele mythische und sogar magische Anteile, die sich auch in den alten Texten widerspiegeln, die in den Westen gelangt sind, sodass der erstaunte Westler oft eine eigenartige Mischung aus Magie, Mythos und Rationalität in der daoistischen Literatur vorfindet. Der wirklich mystische Daoismus, der den Weg der Einheit mit dem DAO beschreibt, ist in den alten Texten und auch bei Taiji-Meistern, die in den Westen kommen, oft schwer zu erkennen, da neben den großen sprachlichen und kulturellen Unterschieden nicht klar zwischen verschiedenen Entwicklungsstufen, -zuständen oder Levels, wie es im Taiji heißt, unterschieden wird. Mystische Texte werden daher oft in mythische und magische Bilder übersetzt und nicht in eine dem Westler verständlicheren rationalen Sprache.

Mystik wird mit Mythos verwechselt

Institutionalisierte Religion und wissenschaftliche Theologie (und oft auch Philosophie) entwickelten sich aus den mystischen Erfahrungen der Stifter und Meister, der weisen Männer und Frauen, der großen Weltreligionen. Religion und Theologie entstanden aus dem Ringen des Menschen, Erfahrungen von EINHEIT (Erleuchtung, Gipfelerfahrung, Nirwana, Satori, Erwachen, usw.) in Bilder zu fassen und auszudrücken oder rational zu verstehen und zu interpretieren. Die Erfahrung der Gottheit (Meister Eckehart) oder - um es in der Sprache der transpersonalen Psychologie (Stanislav Grof) zu sagen - die Erfahrung des ABSOLUTEN, die letztendlich nicht in Worte zu fassen ist, will mitgeteilt und verstanden werden. Und da das Dao (die Gottheit), das mitgeteilt oder in Worte gefasst werden kann, nicht das wahre DAO (oder die wahre GOTTHEIT) ist (Laotse), interpretieren die Menschen, die das Absolute nicht selbst erfahren haben, diese Dimension des Lebens, entsprechend ihrer jeweiligen Bewusstseinsstufe, auf einer rationalen, mythischen, magischen oder archaischen Ebene.

Die rationale Weltethos-Erklärung des Parlaments der Weltreligionen (Hans Küng), um ein Beispiel zu nennen, ist das Ergebnis verdienstvollen wissenschaftlichen Forschens nach den Gemeinsamkeiten der großen Religionen. Allerdings: Ein Weltethos, das allein an rationale Verpflichtungen geknüpft ist (du sollst), wird nicht die Kraft erlangen, sich zu verwirklichen. Nur mit dem Durchbruch der Menschheit zum transrationalen Bewusstsein wird es mehr und mehr möglich werden, die Werte der Weltethos-Erklärung im menschlichen Handeln, tief im Inneren zu verankern und von innen heraus zu LEBEN.

In den Entwicklungsländern blüht das Christentum (auch in China, wenn sich die Christen der Staatsmacht unterwerfen) auf einer mythischen Ebene, die rationale und soziale Elemente in sich aufgenommen hat. Der Papst wird (in den Entwicklungsländern) als mythischer Held gefeiert, der sich verdienstvoll für die Unterdrückten engagiert. Dagegen sterben die archaischen und magischen schamanischen Traditionen allmählich aus. Ein Beispiel für einen religiösen Entwicklungs-Impuls ist die in vielen Aspekten mythische Falun Gong-Bewegung, deren schnelle Ausbreitung auf klaren rationalen Spielregeln für die Übungsgruppen beruht. Die Menschen in den aufgeklärten westlichen Industrienationen können einem mythischen Christentum, das für den weiter entwickelten Westen angemessene rationale Spielregeln vermissen lässt (und auf vielen Ebenen versagt) immer weniger folgen. Die trockene und oft kraftlose rationale Theologie, die jegliche Verbindung zur Mystik verloren hat, fegt zudem die Gotteshäuser leer. Die Menschen im Westen stehen an der Schwelle zum transrationalen Bewusstsein. Sie haben zum großen Teil die mystische Religiosität schon hinter sich gelassen, sind aber oft noch in einer rationalen Weltsicht verhaftet. Immer mehr Menschen sind auf der Suche nach erfahrbarer Spiritualität. Das Christentum im Westen und der westliche Euro-Daoismus müssen dieser Tatsache Rechnung tragen. Ein integrales Christentum und Christ-Sein, das sich entfaltende Bewusstseinsstufen anerkennt, schließt mystische Spiritualität und rationale Theologie (und Philosophie) ebenso in sich ein wie eine noch in Resten vorhandene mythische Weltsicht. Da der Daoismus im Westen in erster Linie ein philosophischer Daoismus ist, muss er ebenso die Rationalität transzendieren und einschließen, wenn er zu einem integralen Daoismus bzw. sich zu einem wirklichen spirituellen Daoist-Sein entfalten will.

Jede religiöse Weltsicht hat auf ihrer jeweiligen Entwicklungsstufe ihre eigene Existenzberechtigung und ihre eigene Stimmigkeit. Das bedeutet jedoch nicht, dass es keine gesellschaftlichen Konflikte zwischen diesen Entwicklungsstufen und keine individuellen Krisen beim Übergang von der einen zur anderen Entwicklungsstufe gibt. Im Gegenteil: Konflikte und Krisen sind für jeden Einzelnen genauso notwendig wie für eine Gesellschaft, um zu wachsen und zu reifen.

Vor diesem Hintergrund bekommt Christ-Sein oder Daoist-Sein heute eine weite Perspektive. Christen und Daoisten im Westen können sich in mystischer, rationaler oder mythischer Weise auf ihre Religionsstifter beziehen und ihre Religiosität entsprechend ihrer Bewusstseinsebene interpretieren und verstehen. Das Dilemma und die Eigenheit der höheren Bewusstseinsebenen oder -stufen ist, um ein Beispiel zu nennen, dass, wer rationales Denken nie gelernt hat, sich „nur" auf der vorhergehenden Ebene, also in mythischen Bildern, ausdrücken kann. Wer Rationalität, die einfachsten Spielregeln der Mathematik nicht versteht, wird Mystik und Mythos verwechseln, weil er sich nur in der jeweiligen mythischen Sprache seiner eigenen Kultur ausdrücken kann und sein Verstand zu wenig geschult ist, um klare Unterscheidungen zu erfassen. Selbst jemand, der von mystischen Erfahrungen hört, aber selbst keine gemacht hat und im rationalen Bewusstsein zu Hause ist, wird sie mythisch interpretieren, weil er Mystik nicht kennt. Mythische Religiosität stirbt daher im Westen immer mehr aus, weil die meisten Menschen schon lange auf der Rationalen Ebene angekommen sind und eine mythische Sprache nicht mehr verstanden wird. Rationale Theologie und Religiosität und Philosophie haben aber ebenfalls ihre Faszination für die meisten Menschen verloren, weil sie bereits an der Schwelle zu einem höheren Bewusstsein stehen. Immer weniger Eltern können ihren Kindern ein ihnen selbst verständliches und sie ergreifendes Christentum vermitteln. Auf der anderen Seite gibt es eine wachsende Suche nach Spiritualität, Sinn und Orientierung, vorbei an den christlichen Kirchen. Die sich darin ausdrückende Sehnsucht nach echter Erfahrung kann nur von wahren Meistern der Mystik wirklich befriedigt werden. Da tiefe Erfahrungsmystik, die die EINHEIT ALLEN SEINS erhellt, jegliche konfessionelle Religiosität übersteigt, ist es letztendlich gleichgültig, welchen Übungsweg ein Mensch einschlägt, wenn er oder sie von einem „wahren Meister" geführt wird (oder dazu in der Lage ist, sich von seinem „inneren Meister" führen zu lassen bzw. auf ihn zu „hören"). Denn: Wer Ohren hat (den „inneren Meister" oder die innere Stimme) zu hören, der höre (Jesus Christus). Auch ein bekannter Taiji-Meister sprach vom „Hören" von „Energie" (Cheng Man-Ching). Die Spreu vom Weizen zu scheiden, ist für den Suchenden keine leichte Aufgabe. Hier ist kritischer und aufgeklärter Menschenverstand gefragt. Denn: An ihren Früchten (Werken, Taten, Handlungen) werdet ihr sie erkennen (Jesus Christus).

Alle spirituellen Übungswege führen zum gleichen Ziel

Ob Taijiquan oder Qigong, Yoga, Kabbala, Sufitanz, Za-Zen oder Kontemplation: Alle authentischen Übungswege führen zum gleichen Ziel, zur Erfahrung der EINHEIT, der Gottheit. Bietet das etablierte Christentum in seinen Institutionen die Freiheit, diese Übungswege zu gehen, können die gemachten Erfahrungen vor dem eigenen kulturellen und religiös-theologischen Hintergrund interpretiert werden. Dann werden auch die Worte Jesu aus der Bibel ebenso wie die daoistischen Klassiker auf ganz neue Weise in einer größeren Tiefe erfasst und können angemessen in eine lebendige Gemeinde oder den Schülerkreis integriert werden. Der Gemeindepriester der Zukunft wird kein Theologe und der Taiji-Lehrer kein daoistischer Schriftgelehrter, sondern in erster Linie ein Mystiker sein (in Anlehnung an den Theologen Karl Rahner). Welchen Weg er gegangen ist, ist gleichgültig. Er hat den Weg gewählt, der ihm persönlich am meisten entspricht. Denn: Gottes Geist weht, wo er will (Jesus Christus). Wenn er christlicher Theologe ist, wird sein Weg vielleicht Kontemplation sein (er kann aber ebenso Taiji oder Qigong sein) und er wird seine Erfahrungen dann wohl am ehesten vor seinem theologischen Hintergrund bzw. vor dem Hintergrund des philosophischen Daoismus interpretieren.

Beim Gehen spiritueller Übungswege ist es oft problematisch, wenn ein Mensch, der in der westlich-christlichen Tradition aufgewachsen ist, seine Erfahrungen des Absoluten (zum Beispiel auf dem Übungsweg Taiji oder Za-Zen) allein im daoistischen oder buddhistischen Sinn interpretieren und integrieren will. Dies wird ihm letztlich nur vor dem Hintergrund seiner eigenen Erfahrungen und seiner Auseinandersetzung mit der eigenen (religiösen) Kultur angemessen gelingen. Die innere Erfahrung des Absoluten, die im christlichen Sinne auch als die Erfahrung von LIEBE interpretiert werden kann, wird sich dann in seinen zwischenmenschlichen Beziehungen ebenso ausdrücken wie in seinem ökologischen, sozialen und kulturell-religiösen Handeln. Denn Liebe im spirituellen Sinn ist: Offenheit und Weite im Blick, In-der-Mitte-Sein, Im-Fluss-Sein mit seinen Handlungen, sich selbst zum transpersonalen Bewusstsein zu entfalten und andere in diese Richtung zu unterstützen (Ken Wilber).

Daher müssen Mensch, die einen spirituellen Übungsweg gehen, weder als Taiji-Kursleiter, -Lehrer oder -Ausbilder im traditionellem Sinne Daoist sein. Ebenso können dann natürlich Taiji-Schüler oder Schülerinnen die Christen sind, Christ oder Christin bleiben.

Christus sagt: "Ich bin der WEG, die Wahrheit und das LEBEN". Und eine Taiji-Weisheit lautet: Du wirst den Weg nicht finden, wenn Du nicht selbst zum WEG wirst. Das DAO, die höchste Dimension im daoistischen Sinn, wird auch mit Weg, Lehre oder Mutter von Yin und Yang übersetzt. Erfahrbare mystische Spiritualität verwandelt den Menschen von innen her. Sie öffnet ihn für Transzendenz. Sie stellt ihn zwischen Himmel und Erde, zwischen oben und unten, geistige und materielle Welt. Sie macht ihn zum KREATIVEN MIT-

SCHÖPFER und verbindet ihn, lässt ihn mitfliessen mit dem immanenten kosmischen Prozess von GEIST-IN-AKTION (Ken Wilber), der die Evolution entfaltet.

Nachwort

In der Einleitung habe ich über meine persönlichen spirituellen Erfahrungen berichtet, die teils ganz spontan in meinem Leben auf-
tauchten beziehungsweise die durch bewegte oder sitzende Meditation angeregt oder induziert wurden. Diesen Faden möchte ich zum
Schluss noch einmal aufgreifen. Ich möchte an Hand von einigen
Beispielen meiner Erfahrungen zeigen, wie Schülerinnen und Schüler
ihre eigenen Erfahrungen besser verstehen, zuordnen und in den Alltag interpretieren können. Denn das ist die Voraussetzung, um sie gut
ins Leben integrieren zu können und angemessen damit umzugehen.

Meine Frage ist also: Was haben diese Erfahrungen mit dem von
mir in diesem Buch dargestellten Übungssystem der bewegten und
sitzenden Meditation zu tun? Ein erfahrener Lehrer oder Meister
kann dem Schüler oder der Schülerin wichtige Hinweise geben, diese
Erfahrungen richtig zu verstehen, sie nicht überzubewerten und sie
auch nicht zu verdrängen, sondern sie richtig zu verarbeiten. Dann
können sie sich sehr unterstützend auf eine gesunde persönliche Entfaltung auswirken.

Dazu habe ich eine Tabelle zu den Bewusstseinszuständen erstellt
(siehe Abbildung 9), um zu verdeutlichen, welchen Zuständen ich
meine Erfahrungen zuordnen würde. Aus der Tabelle wird zudem er-
sichtlich, wie sich Entwicklungswege generell vertiefen können, auch
unabhängig vom daoistischen Hintergrund. Zudem habe ich den Be-
wussteinzuständen weitere Gesichtspunkte zugeordnet, die für das
Erfassen und Beurteilen der eigenen Entwicklung hilfreich sein können. Nicht jede Erfahrung kann eindeutig einem Zustand zugeordnet
werden, weil Erfahrungen aus unterschiedlichen Übungssystemen unterschiedlich bewertet werden können. Im Zusammenhang der daoistischen Übungen der bewegten (Qigong, Taijiquan) und sitzenden
Meditation (Zuowang, Dao Chan) wird in der Spitze des Weges
(nach Milanowski) von zwei Möglichkeiten gesprochen: vom kosmischen Qi, zum Wu (Nichts) zum Dao oder vom Wu (Nichts) zum

kosmischen Qi und zum Dao. Daraus wird deutlich, dass die in der Tabelle dargestellte Reihenfolge der Zustände nicht festgeschrieben ist, sondern der „Geist weht, wo er will". Die Erfahrungen können nicht gemacht werden und treten nicht in einer bestimmten Reihenfolge auf. Wir können uns nur für sie öffnen, und vielleicht bekommen wir sie dann „geschenkt" oder sie „fallen uns zu", wenn es uns gelingt, „uns selbst ganz in die Übung oder ins Leben fallen zu lassen".

Wenn in Abbildung 9 von Wach-, Traum-, Tiefschlaf- und Nondualem Bewusstsein gesprochen wird, müssen wir uns zudem verdeutlichen, dass diese Begriffe zur Kategorienbildung für „veränderte, beziehungsweise außergewöhnliche Bewusstseinszustände" (Stanislav Grof) verwendet werden. Dies kann am besten anhand des Traumbewusstseins erklärt werden: Jeder hat sich schon mal einen Traum merken können, nachdem er erwacht ist. Auch normale Träume haben unterschiedliche Intensitäten, je nachdem, was an Tageserlebnissen, psychischen Erlebnissen oder sehr tiefen persönlichen Themen in ihnen angesprochen wird und zur Verarbeitung drängt. Eine mystische Erfahrung jedoch, die dem Traumbewusstsein zugeordnet wird, übersteigt mit großer Deutlichkeit all das, was jemand schon mal als „normalen Traum" erfahren hat. Jeder, der so eine Erfahrung in einem „veränderten Bewusstseinszustand" hatte, wird dies bestätigen können. Dies trifft auch für das sogenannte Wachbewusstsein zu, das bereits ein meditativer Zustand sein kann. Das Tiefschlafbewusstsein führt noch einmal in einen ganz anderen Erfahrungsraum von „Leere, Stille und Nichts", der sich deutlich vom sogenannte Traumbewusstsein unterscheidet. Dennoch kann eine Erfahrung sich über mehrere Zustände erstrecken. Hierfür möchte ich zwei Beispiele geben: der kosmische Atem und die Nahtoderfahrung:

Der kosmische Atem: Die in der Einleitung beschriebe Erfahrung des kosmischen Atmens kann auch als eine Erfahrung interpretiert werden, die dem Tiefschlafbewusstsein zuzuordnen ist. Sie hatte alle Aspekte, die ich in der Einleitung als „Ei-Erfahrung" beschrieben habe, mit einer Ausnahme: Es gab „so etwas wie einen bildlichen Eindruck" von einem „pulsierenden, alles umfassenden gigantischen kosmischen Atem, in dem ich selbst aufgelöst und einbezogen war". Bei der „Ei-Erfahrung" dagegen gab es keinerlei wirkliches Bild. Ich habe die „Metapher vom Ei" lediglich benutzt, um die Erfahrung zu beschreiben, die, auf Grund ihres paradoxen Charakters, sonst nur sehr schwer in Worte zu fassen ist. Die Erfahrung des kosmischen Atems entstand bei der Übung der Gegenbauchatmung des stillen Qigong, während die Ei-Erfahrung in der sitzenden Meditation entstand. Scheinbar ist der zurückbleibende leichte „bildliche Eindruck" typisch für eine Qigong-Erfahrung und dokumentiert eine subtile Verbindung zum feinstofflichen Bereich der „Bilder", bzw. macht deutlich, dass Erfahrungen nicht immer eindeutig einer Ebene zugeordnet werden können. Innere Erfahrungen sind oft sehr individuell und können fließende Übergänge und Verbindungen zu anderen Zuständen aufweisen.

Die Nahtoderfahrung: Nahtoderfahrungen weisen oft Aspekte von Wach-, Traum- und Tiefschlafbewusstsein auf, je nachdem, wie intensiv und wie tief die Erfahrung sich gezeigt hat. Zum Wachbewusstsein können gerechnet werden: „außerkörperliche Erfahrungen, in denen der eigene Körper und das ganze augenblickliche Geschehen von außen gesehen werden kann, außerkörperliche Reisen in andere äußere Erfahrungsräume", usw. Zum Traumbewusstsein gehören bildliche Erfahrungen wie: „die Tunnelerfahrung, der Lebensfilm, das kosmische Licht, die Erscheinung von Verstorbenen" usw. Dem Tiefschlafbewusstsein am nächsten kommen Erfahrungsinhalte von „innerer Stille, tiefer Ruhe, großem Frieden, absolutem Wissen, großer Klarheit oder einfach von Nichts".

Außerkörperliche Erfahrungen werden psychologisch oft als pathologisch bzw. als problematisch eingestuft, da sie als eine Abspaltung des Bewusstseins vom Körper interpretiert wird. Diese Erfahrungen können insbesondere auch in der stillen, sitzenden Meditation auftauchen. Sie sind dann ein Zeichen, dass Körper und Geist nicht gut integriert sind, und die Empfehlung ist dann oft, mehr Sport zu treiben, um den eigenen Körper besser zu spüren. Beim Üben von Taijiquan und Qigong tauchen diese Erfahrungen in der Regel nicht auf, da es u.a. Ziel der Übung ist, sowohl den physischen, als auch den energetischen Körper besser spüren zu lernen und zu trainieren.

Um die eigenen Erfahrungen wirklich gut zu verstehen, sei zum Schluss nochmal auf das Buch von Stanislav Grof: Das Abenteuer der Selbstentdeckung (siehe Literaturverzeichnis) hingewiesen. Dort werden ein Fülle von "außergewöhnlichen Bewusstseinszuständen", wie Grof sie nennt, beschrieben, die sehr hilfreich sein können, um die eigenen Erfahungen besser zu verstehen und einordnen zu können.

Was ist also mein Fazit? Taijiquan und Qigong haben mir geholfen, meinen Köper gut zu fühlen (Wachbewusstsein), mein Energiesystem gut zu spüren (Traumbewusstsein), und mit der sitzenden Meditation habe ich den „Grund von Allem" erfahren können (Tiefschlafbewusstsein). Das hat mir geholfen, auch meine spontanen Erfahrungen (Engel, Felsen und Schlucht, Nahtoderfahrung, das absolut Böse) besser zu verarbeiten und zu verstehen. Dazu hat sicherlich auch gehört, dass ich mich intensiv mit spiritueller Literatur auseinandergesetzt habe. Aber auch jeder, der keine spontanen Erfahrungen hat, kann den Weg der sitzenden und bewegten Meditation für seine Entwicklung erfolgreich gehen. Tiefe Erfahrungen müssen nicht (immer) eine große innere Dramatik aufweisen! Jeder Weg ist individuell und deutlich anders, und jeder Übende bringt andere Voraussetzungen mit. Es kann auch gelingen, direkt ins Tiefschlafbewusstsein zu springen. Das bringt dann allerdings nicht automatisch eine gute Körperintegration mit sich, die dann vielleicht erst mühsam nachgeholt werden muss, es sei denn, sie ist schon vorhanden. Eine wirklich integrale Spiritualität umfasst eben immer alle Ebenen: Körper, Verstand, Seele, Energie und Geist!

Bewusstseinszustände in der
sitzenden und bewegten Meditation

1. Zustand	2. Zustand	3. Zustand	4. Zustand
Wachbewusstsein (OL)	Traumbewusstsein (OL)	Tiefschlafbewusstsein (OL)	Non-duales Bewusstsein OL
Natur-Mystik grobstoffl.- physisch (OR)	Gottheits-Mystik feinstofflich - subtil (OR)	Formlose Mystik bildlos – kausal (OR)	Einheits-Mystik umfassend – absolut OR)
Schamane – Yogi Verstand - Ego	Heilige – „Heiler" Seele - Qi	„Weise" – Pandit Geist - Selbst	Meister – Guru - Sifu ICH BIN
Achtsamkeit Aufmerksamkeit	Gewahrsein christliche Meditation	Meditation Zeuge Nichts Zen - Kontemplation - Leere	Erwacht Laotse - Buddha Jesus - Plotin - Eckhart
- Felsen und Schlucht - Seerose - Zellbewusstsein	- Engel - weibliche Archetypen - das absolut Böse - Licht und Schatten - das kosmische Qi - der kosmische Atem - Nahtoderfahrung	- Das „Ei" - Die „Spitze" der Nah- toderfahrung	- „Es ist, wie es ist" - „Alles ist Eins"

Abbildung 9: Bewusstseinszustände in der sitzenden und bewegten
Meditation

In der Abbildung 9 wird in der letzten Zeile der Versuch unternommen, einige meiner hier beschriebenen eigenen "ungewöhnlichen Erfahrungen" den vier Bewusstseinszuständen zuzuordnen. (Erläuterung: Ein Pandit, ist ein Schriftgelehrter oder ein "Weiser", ein Guru ist dagegen ein spiritueller Lehrer oder "Meister", ebenso wie ein Sifu ein "Taiji-Meister" ist.)

Quadranten: Eine Integrale Entwicklung sollte zudem immer in allen vier Quadranten (so Wilber) verankert sein. Die vier Quadranten sind: die subjektive individuelle Entwicklung (OL), die subjektive kollektive Entwicklung (UL) die objektive individuelle Entwicklung (OR) und die objektive kollektive Entwicklung (UL). Diese vier Aspekte der vier Quadranten können in ein Koordinatenkreuz eingetragen werden. Um sehr verkürzt aufzuzeigen, was gemeint ist, nennt Wilber die vier Quadranten auch: oben links (OL), oben rechts (OR), unten links (UL) und unten rechts (UR). In der oben abgebildeten Tabelle befinden sich zwei Zeilen, die mit (OL) und (OR) gekennzeichnet sind (Siehe hierzu auch Abbildung 10).

Hiermit soll verdeutlicht werden, dass es sich um zwei sehr unterschiedliche Ebenen der Erfahrung handelt. Das Wach-, Traum-, Tiefschlaf- und Non-duale Bewusstsein gehört zur subjektiven individuellen Erfahrungsebene, und die Erfahrung von Stofflichkeit grobstofflich-physisch, feinstofflich-subtil, bildlos-kausal und absolut gehört zur objektiven individuellen Erfahrungsebene. Diese Unterscheidung ist für das Üben und den Unterricht von Bedeutung, um sprachlich klar differenzieren zu können, was gemeint ist.

Quadranten der integralen Entwicklung
nach Wilber

OL	OR
Innen	Außen
Subjektiv	Objektiv
Individuell	Individuell
Ebenen	Ebenen
Zustände	Stofflichkeit
Linien und Typen	Linien und Typen
Linien und Typen	Linien und Typen
Zustände	Stofflichkeit
Ebenen	Ebenen
Kollektiv	Kollektiv
Subjektiv	Objektiv
Innen	Außen
UL	UR

Abbildung 10: Quadranten der Entwicklung nach Wilber

Schaut man mit Abstand auf sich selbst und die Menschheit als Ganzes, dann wird sehr deutlich: Der Verstand, die eigene Persönlichkeit, das Ich oder Ego kann so dominant sein, dass es sowohl die spirituelle Ebene als auch die Gefühlsebene völlig ablehnen und unterdrücken kann. Diese „Abspaltung", dieser Schatten, führt zu einer Stagnation der Entwicklung und kann tiefgreifende globale Folgen haben. Die Probleme auf unserer Erde können nicht mit derselben Einstellung und denselben Mitteln beseitigt werden, mit denen sie geschaffen wurden. Nur Menschen, die eine höhere spirituelle Ebene erreicht haben, werden dazu in der Lage sein, neue Lösungen für die globalen Probleme zu finden.

Wie wir schon gesehen haben, kann eine gesunde Entwicklung des Menschen und der Menschheit auch durch die Abspaltung der körperlichen Gefühle und Triebe auf einer unteren Ebene behindert werden. Meine „Erfahrung des absolut Bösen und Zerstörerischen" hat mir sehr bewusst gemacht, wie tief dieser Aspekt in jedem Menschen und in der ganzen Menschheit verankert ist, ob wir es wahr haben wollen oder nicht. Je mehr diese Seite ins Unbewusste verdrängt wird, desto mehr treibt sie im Alltag ihr zerstörerisches Unwesen. Je mehr wir unsere eigene innere Natur (unsere Gefühle und Triebe) verdrängen, desto intensiver zerstören wir auf eine destruktive Weise die Mit- und Umwelt im Außen.

Werfen wir noch einmal einen Blick auf den 3. Teil (Taiji und Gefühle) und auf die <u>Abbildung 2 und 3</u>, so wird deutlich: Es gibt zwei Grundkräfte, die die Dynamik des Lebens, das „Rad des Lebens" bzw, das Rad des Kosmos oder des Universums antreiben. Es sind die beiden polaren kosmischen Kräfte Anziehung oder Kompression und Abstoßung oder Expansion. Sie können auch Eros und Thanatos genannt werden und wirken bis auf die persönliche Ebene. Das Rad der Entwicklung kann sich auf gesunde Weise drehen oder krank machende Wirkungen zeigen. Es geht darum, die krank machende Wirkung der beiden Kräfte zu erkennen und sie sich selbst und anderen bewusst zu machen. Sobald das Gleichgewicht der Kräfte gestört oder nicht mehr in Balance ist, entstehen ungesunde Wirkungen oder Entwicklungen. Diese gilt es wahrzunehmen, um Schaden von allem Lebendigen abzuwenden. Die zerstörerische Wirkung ist immer entweder ein Zuviel oder ein Zuwenig. Dann kann eine gesunde Entwicklung von einem Pol schnell in eine krankmachende Wirkung des anderen Pols umschlagen. Ein Beispiel für ein „Zuviel" auf der persönlichen Ebene:

- Anziehungskraft – Zuneigung: Gier, Sucht/Abhängigkeit, zerstörender Sexualtrieb
- Abstoßungskraft – Abneigung: Hass, Angst/Zerstörung, mörderischer Todestrieb

Ein „Zuwenig" auf der persönlichen Ebene:

- Anziehungskraft – Zuneigung: Liebe, Mitgefühl/Kreativität, Freude und Zuversicht
- Abstoßungskraft – Abneigung: Aggression, Vertrauen/Selbstbehauptung, Durchsetzungskraft

So kann Liebe schnell in Gier umschlagen, gesunde Aggression (oder Durchsetzungskraft) in Hass, kreative Schöpfung in sinnlose Zerstörung und Selbstvertrauen in Angst usw. Nur die Bewusstwerdung „eines Zuviel" oder „eines Zuwenig" kann jeden Menschen und die Menschheit als Ganzes ins Gleichgewicht und in die Mitte bringen. Und erst das immer wieder neue Ausbalancieren in der persönlichen oder gesellschaftlichen Mitte ermöglicht einen gesunden Entwicklungsprozess.

Dieses Beispiel macht deutlich, wie groß die Herausforderungen an jeden Einzelnen und die Menschheit als Ganzes sind. Das globale Gleichgewicht der Kräfte (Yin und Yang) müssen die Menschen im Augen behalten und dürfen es nicht verdrängen. Dabei ist zu beachten, dass das Gleichgewicht auf den unteren Ebenen der Entwicklung wichtiger ist, als die Entfaltung der oberen spirituellen Ebenen. Ein „großes Ungleichgewicht" auf den unteren inneren Entwicklungsebenen führt unweigerlich zu „großen Katastrophen" in der äußeren Welt. Schon die bestehenden Ungleichgewichte auf dem Globus, zum Beispiel zwischen Arm und Reich, Ungebildet und Gebildet, machen die katastrophale Lage auf in der Welt sehr deutlich. Es ist also dingend erforderlich, diese Ungleichgewichte zu harmonisieren (beziehungsweise gesellschaftliche und globale Entwicklung gezielt zu fördern). Es ist sonst unvermeidlich, dass weitere Katastrophen und große Leiden auf die Menschen und die ganze Menschheit zukommen. Es geht darum, das Unbewusste (die Triebe und Gefühle) ins Bewusstwein zu bringen und zu lernen, mit diesen Kräften bewusst und lebenserhaltend umzugehen. Das meint Schattenarbeit! Ohne eine tiefe Schattenarbeit wird es keinen wirklichen inneren Frieden und keinen wirklichen globalen Frieden geben. Da aber „alles mit allem zusammenhängt", wird auch der kleinste konstruktive Schritt nach vorn Auswirkungen auf das Ganze haben. Das setzt die Hoffnung frei, dass das Rad der Evolution sich weiterdreht, wenn dies immer mehr Menschen begreifen. Wir sind also alle aufgefordert aufzuwachen und an einer gesunden integralen Entwicklung mitzuarbeiten.

Abbildungsverzeichnis

Abbildung 1: a) Vergleich der Bewusstseinszustände......................42

Abbildung 2: Yin und Yang der Gefühle im frühen Daoismus.........52

Abbildung 3: Yin und Yang der Triebe und Gefühle in den fünf Wandlungsphasen...57

Abbildung 4: Wilbers Ebenen des Bewusstseins und daoistische Begriffe..65

Abbildung 5: b) Vergleich der Bewussteinszustände....................81

Abbildung 6: Sechs Stufen der Entwicklung im Taijiquan...............82

Abbildung 7: Kollektive Entwicklungsebenen.................................92

Abbildung 8: Individuelle Entwicklungsebenen................................94

Abbildung 9: Bewusstseinszustände in der sitzenden und bewegten Meditation..145

Abbildung 10: Quadranten der Entwicklung nach Wilber.............146

Zitaten- und Literaturverzeichnis zu den einzelnen Teilen

Teil 1: Einfach jetzt! – Qigong und Taijiquan als Übungsweg der Meditation

Hans-Peter Dürr, Warum es ums Ganze geht, Neues Denken für eine Welt im Umbruch, oekom, 2009.

Ute Engelhard, Theorie und Technik des Taiji Quan, Chinesischer Faustkampf, Bioligisch-Medizinische Verlagsges., ohne Jahr.

Heinz Hilbrecht, Meditation und Gehirn, Alte Weisheit und moderne Wissenschaft, Schattauer, 2010.

Willigis Jäger, Westöstliche Weisheit, Visionen einer integralen Spiritualität, Theseus, 2006.

Toyo und Petra Kobayashi, T'ai Chi Ch'uan, Einswerden mit dem Tao, Hugendubel Verlag, 1989.

Livia Kohn, Sieben Stufen der daoistischen Meditation, Abhandlung über das Sitzen in Vergessenheit, Das Zuowanglun von Sima Chengzhen, ML-Verlag, 2010.

Thomas Milanowski, die magischen Körper-Geistübungen Chinas und deren Verbindung zum Schamanismus, Zu Historie, Theorie und Praxis des Qigong, ML-Verlag, 2. Aufl. 2005.

Ulli Olvedi, Yi Qi Gong, Das Stille Qi Gong nach Meister Zhi-Chang Li, O.W. Barth Verlag, 1994.

Peter Russel, Quarks, Quanten und Satori, Wissenschaft und Mystik: Zwei Erkenntniswege treffen sich, Kamphausen, 3. Auflage 2007.

Klemens J. P. Speer, T'ai Chi – Taijiquan, Qigong und Traditionelle Chinesische Medizin im Spiegel integraler Bewusstseinsforschung nach Ken Wilber, Selbstverlag, 2007.

Teil 2: Zuowang und Taijiquan – Sitzende Meditation zur Vertiefung bewegter Meditation

Ute Engelhard, Theorie und Technik des Taiji Quan, Chinesischer Faustkampf, Biologisch-Medizinische Verlagsges., ohne Jahr.

Heinz Hilbrecht, Meditation und Gehirn, Alte Weisheit und moderne Wissenschaft, Schattauer, 2010.

Willigis Jäger, Westöstliche Weisheit, Visionen einer integralen Spiritualität, Theseus, 2006.

Toyo und Petra Kobayashi, T'ai Chi Ch'uan, Einswerden mit dem Tao, Hugendubel 1989.

Livia Kohn, Sieben Stufen der daoistischen Meditation, Abhandlung über das Sitzen in Vergessenheit, Das Zuowanglun von Sima Chengzhen, ML-Verlag, 2010.

Thomas Milanowski, die magischen Körper-Geistübungen Chinas und deren Verbindung zum Schamanismus, Zu Historie, Theorie und Praxis des Qigong, ML-Verlag, 2. Aufl. 2005.

Ulli Olvedi,Yi Qi Gong, Das Stille Qi Gong nach Meister Zhi-Chang Li, O.W. Barth Verlag, 1994.

Klemens J.P. Speer, T'ai Chi – Taijiquan, Qigong und Traditionelle Chinesische Medizin im Spiegel integraler Bewusstseinsforschung nach Ken Wilber, Selbstverlag, 2007.

Teil 3: Taiji und Gefühle

1) Gundula Link, Yin und Yang - Suche nach Ganzheit im chinesischen Denken, C. H. Beck-Verlag, München, 2. Auflage, 2001, S. 27.

2) Vergl. Frank Fiedeler, Yin und Yang - Das kosmische Grundmuster in der Kultur Chinas, Diederichs Gelbe Reihe, Hugendubel-Verlag, München, 2003, S. 166.

3) Vergl. Franz P. Redl (Hrsg.), Die Welt der Fünf Elemente - Anwendungsbereiche in Theorie und Praxis, Bacopa-Verlag, Schiedlberg, 2002, S. 21.

4) Vergl. Thomas Städtler, Lexikon der Pyschologie, Kröner-Verlag, Stuttgart 2003, S. 850.

Teil 4: Innere Entwicklung im Taiji und daoistische Begriffe

5) Vergl. hierzu auch: Die Glossare in den beiden Büchern von Wolfe Lowenthal und die vier Specials des Taiji- und Qigong- Journal, herausgegeben von Frank Aichlsede/Helmut Oberlack im Literaturverzeichnis.

6) Knut Walf, TAO für den Westen, Weisheit die uns nottut, Kösel-Verlag, München, 1997, S. 156.

7) Siehe 6), S. 97.

8) Siehe 6), S. 43.

Teil 5: Entwicklungsstufen im Taijiquan und ihre Interpretation

Cheng Man-Ching, Dreizehn Kapitel zu T'ai Chi Ch'uan - Das Wissen des Meisters, Basel, 1986.

Toyo und Petra Kobayashi, Einswerden mit dem Tao, Hugendubel-Verlag, 2. Auflage 1991.

Jan Silberstorf, Chen - Lebendiges Taijiquan im klassischen Stil, Lotus-Verlag, München 2003.

Ken Wilber, Eine kurze Geschichte des Kosmos, Fischer-Verlag, Frankfurt, 3. Auflage 1999.

Ken Wilber in: Ken Wilber/Jack Engler/Daniel P. Brown (Hrsg.), Psychologie der Befreiung, Perspektiven einer neuen Entwicklungspsychologie - die östliche und westliche Sicht des menschlichen Reifungsprozesses, Scherz-Verlag, Bern, München, Wien, 1. Auflage 1988.

Wee Kee-Jin, Taijiquan Wuwei - Ein natürlicher Prozess, Deutsche Erstausgabe Hella Ebel, Osnabrück, 2005.

Teil 6: Taiji und die Wirkung von Energiearbeit und Meditation auf die persönliche Entwicklung

Ken Wilber in: Ken Wilber/Jack Engler/Daniel P. Brown (Hrsg.), Psychologie der Befreiung, Perspektiven einer neuen Entwicklungspsychologie - die östliche und westliche Sicht des menschlichen Reifungsprozesses, Scherz-Verlag, Bern, München, Wien, 1. Auflage 1988.

Teil 7: Taiji und Kampfkunst

Cheng Man-Ching, Dreizehn Kapitel zu T'ai Chi Ch'uan - Das Wissen des Meisters, Basel, 1986.

Cheng Man-Ching, Ausgewählte Schriften zu T'ai Chi Ch'uan - Meditation, Kalligraphie und Chinesische Medizin, Basel 1988.

Wolfe Lowenthal, Es gibt keine Geheimnisse - Professor Cheng Man-ch'ing und sein Taijiquan, Kolibri-Verlag, Hamburg, 1993.

Wolfe Lowenthal, An der Pforte zum Wunderbaren - Weitere Betrachtungen zu Cheng Man-ch'ings Taijiquan, Kolibri-Verlag, Hamburg 1998.

Ken Wilber, Ganzheitlich handeln - Eine integrale Vision für Wirtschaft, Politik, Wissenschaft und Spiritualität, arbor-Verlag, Freiamt, 2001.

Teil 8: Taiji im Management

keine Literaturangaben

Teil 9: Daoist-Sein und Christ-Sein im Westen

Ken Wilber, Ganzheitliches Handeln - Eine integrale Vision für Wirtschaft, Politik, Wissenschaft und Spiritualität, abor-verlag, 2001.

Karlfried Graf Dürckheim, Der Ruf nach dem Meister - Die Bedeutung geistiger Führung auf dem Weg zum Selbst, O.W. Barth-Verlag, Neuausgabe 2001.

Cheng Man-Ching, Dreizehn Kapitel zu T'ai Chi Ch'uan - Das Wissen des Meisters, Sphinx-Verlag, 1986.

Allgemeine Literaturangaben

Taijiquan

Frieder Anders, Das chinesische Schattenboxen T'ai Chi - Meditation in Bewegung zur Steigerung des Körpergefühls und der Festigung der Gesundheit, O.W. Barth-Verlag, München, 1988.

Frieder Anders (Hrsg.), Taichi, Chinas lebendige Weisheit – Grundlagen fernöstlicher Lebenskunst, Irisiana-Verlag, München, 5. Auflage 1994.

William C. C. Chen, Körpermechanik des Tai Chi Chuan - Für die Kunst der Selbstverteidigung, 4. Auflage, New York, 1989, herausgegeben 1999, von Luis Molera, Bremen.

Chen Xiaowang, Die fünf Stufen der Entwicklung im Taijiquan, Taijiquan und Qigong Journal, Fachzeitschrift für alle Qigong und Taijiquan-Praktizierenden, Heft 3, 1/2001, S. 12-17 und Heft 4, 2/2001, S. 26-30.

Cheng Man-ching, Dreizehn Kapitel zu T'ai Chi Ch'uan - Das Wissen des Meisters, Sphinx-Verlag, 1986.

Cheng Man-Ching, Ausgewählte Schriften zu T'ai Chi Ch'uan - Meditation, Kalligraphie und Chinesische Medizin, Sphinx-Verlag, Basel 1988.

Cheng Man-ch'ing & Robert W. Smith, T'ai Chi, The „supreme Ultimate" Exercise for Health, Sport and Self-Defense, Charles E. Tuttle Co., Rutland, Vermont, 1967.

Mantak Chia und Juan Li, Tao Yoga - Inneres Tai Chi - Tai Chi Chi Kung: Der Weg zum spirituellen Kern des Tai Chi, Scherz-Verlag, München, 2. Aufl. 1998.

Da Liu, T'ai Chi und Meditation - Einführung in die Praxis, Hugendubel 1989.

Ute Engelhardt, Theorie und Technik des Taiji Quan - Chinesische Kampfkunst, BMV Biologisch-Medizinischer Verlag, Schorndorf, ohne Jahr.

Foen Tjoeng Li/Christel Proksch, Körper, Geist und Seele - Tai-Ji-Quan - Yang-Stil, Kolibri-Verlag, 1991.

Al Huang, Lebensschwung durch T'ai Chi - Ein chinesischer Meister der Rhythmik lehrt Meditation in der Bewegung - Mit einem Vorwort von Alan Watts, O.W. Barth-Verlag, München, 4. Auflage 1985.

Petra Kobayashi, Der Weg des T'ai chi ch'uan, Hugendubel-Verlag, München, 4. Auflage, 1993.

Toyo und Petra Kobayashi, Einswerden mit dem Tao, Hugendubel-Verlag, 2. Auflage 1991.

Toyo und Petra Kobayashi, Tai chi Ch'uan - Einswerden mit dem Tao, Hugendubel-Verlag, München, 1989.

Wolfe Lowenthal, Es gibt keine Geheimnisse - Professor Cheng Man-ch'ing und sein Taijiquan, Kolibri-Verlag, Hamburg, 1993.

Wolfe Lowenthal, An der Pforte zum Wunderbaren - Weitere Betrachtungen zu Cheng Man-ch'ings Taijiquan, Kolibri-Verlag, Hamburg 1998.

Rainer Landmann, Taijiquan - Konzepte und Prinzipien einer Bewegungskunst - Analysen anhand früher Schriften, Schriftenreihe des Instituts für bewegungswissenschaftliche Anthropologie e.V., Band 3, Hamburg, 2. unveränderte Auflage, 2002.

Linda Myoki Lehrhaupt, Stille in Bewegung - Tai Chi und Qigong, Mit Übungen für Körper und Geist, Theseus-Verlag, Berlin, 2. Auflage, 2002.

Jürgen Licht (Hrsg.), Sieben Schätze des Taijiquan - Sechs klassische Texte und eine Parabel zu Taijiquan, München 2001.

Waysun Liao, Die Essenz des T'ai Chi - Vitalität und Wohlbefinden duch Chi-Aktivierung, München, 1996.

Klaus Moegling, Untersuchungen zur Gesundheitswirkung des Tai Chi Chuan, Bewegungstheoretische Grundlegung und empirische Ergebnislage, Reihe Bewegungslehre und Bewegungsforschung, Band 6, Prolog-Verlag, Kassel 1998 (Habilitationschrift am Fachbereich Sportwissenschaften der Universität Hamburg).

Ping-Siang Tao, Unter der Oberfläche der Tai Ji Quan Klassiker, Verlag und Herausgeber: Nils Klug, Hannover 2000.

Stuart Olson (Hrsg.), Das Wesen des Taiji-Quan, Die geheimen Trainingsdokumente der Familie Yang, Aurum im J. Kamphausen Verlag, Bielefeld, 2002.

Stuart Olsen (Hrsg.) Das Qi pflegen, Die geheimen Trainingsdokumente der Familie Yang, Aurum im J. Kamphausen Verlag, Bielefeld, 2000.

Christel Proksch, Taijiquan - Die Kunst der natürlichen Bewegung, Bacopa-Verlag, 1. Auflage 2005.

Martin Schmid, Taiji, die innere Kraft von Himmel und Erde, param-Verlag, Ahlerstedt, 2002.

Jan Silberstorf, Chen - Lebendiges Taijiquan im klassischen Stil, Lotus-Verlag, München 2003.

Klemens J.P. Speer (Hrsg.), Chen Wei-Ming - T'ai Chi Ch'uan Ta Wen - Fragen und Antworten über T'ai Chi Ch'uan. Aus dem Chinesischen ins Englische übertragen von Pang Jeng Lo und Robert W. Smith und aus dem Englischen ins Deutsche übertragen von Silvia Gieske 1996, Schriftenreihe T'ai Chi Ch'uan und meditative Energiearbeit, Nr. 5, Osnabrück, 2001.

Klemens J.P. Speer (Hrsg.), Cheng Man-Ching & Robert W. Smith, T'ai Chi die „Höchste Übung" für Gesundheit, Sport und Selbstverteidigung. Aus dem Englischen ins Deutsche übertragen von Helga De Boer, Original-Titel: The „Supreme Ultimate" Exercise for Health, Sport and Self-Defense, First U.S. edition, 1967, Schriftenreihe T'ai Chi Ch'uan und meditative Energiearbeit, Nr. 6, Osnabrück 2001.

Klemens J.P. Speer, Was kann mir Taijiquan bringen?, Taijiquan für Einsteiger, ein Special des Taijiquan und Qigong-Journals, 2. Auflage, 2005, S. 44 - 46.

Klemens J.P. Speer, Taijiquan als persönlicher Entwicklungsweg, Innere Kampfkünste, ein Special des Taijiquan und Qigong-Journals, 1. Auflage, 2005, S. 33 - 36.

Wee Kee-Jin, Taijiquan Wuwei - Ein natürlicher Prozess, Deutsche Erstausgabe Hella Ebel, Osnabrück, 2005.

Yang Shou Chung (Yeung Sau Chung), Die praktische Seite des Tai Chi Chuan - Anwendungen und Variationen, Herausgegeben von Stephan Hagen, Kolibri-Verlag, Hamburg, 1996.

Qigong und TCM

Anna und Alexander Cavelius, Wu Li, Praxisbuch Chinesischer Medizin – Im Einklang mit dem Körper durch Akupressur, Massagen, Heilkräuter und richtige Ernährung, Bassemann Verlag, 2005.

Mantak Chia, Tao Yoga - Praktisches Lehrbuch zur Erweckung der heilenden Urkraft Chi, Ansata-Verlag, Interlaken, 8. Auflage, 2000.

Ilona Daiker/Barbara Kirschbaum, Die Heilkunst der Chinesen - Qigong - Akupunktur - Massage - Ernährung - Heilkräuter, Rowohlt, Hamburg, 1997.

Achim Eckert, Das heilende Tao - Gesundheit im Gleichgewicht der fünf Elemente, Ein Übungsbuch, Bauer-Verlag, Freiburg 1989.

Bruce Kumar Frantzis, Die Energie-Tore des Körpers öffnen - Der Weg zur Meisterschaft - Eine praktische Einweihung in das daoistische Qi Gong, Windpferd-Verlag, Hamburg, 1. Auflage, 2002.

Carl-Hermann Hempen, Die Medizin der Chinesen - Erfahrungen mit fernöstlicher Heilkunst, Goldmann-Verlag, München 1991.

Thomas Milanowski, Die magischen Körper-Geistübungen Chinas und deren Verbindung zum Schamanismus - zu Historie, Theorie und Praxis des Qigong, ML-Verlag, Uelzen, 2. Auflage 2005.

Ulli Olvedi, Yi Qi Gong - Das stille Qi Gong nach Meister Zhi-Chang Li, O.W. Barth-Verlag, 1994.

Franz P. Redl (Hrsg.), Die Welt der Fünf Elemente - Anwendungsbereiche in Theorie und Praxis, BACOPA Verlag, 2. Auflage, 2002.

Barbara Schmidt-Neuhaus u.a., Qigong - Akupressur & Selbstmassage - Ins Reich der Mitte, vhs-Kursbuch, Klett-Verlag, 1. Auflage 2001.

Klemens J.P. Speer, global sehen – integral handeln, T'ai Chi – Taijiquan, Qigong und Traditionelle Chinesische Medizin im Spiegel integraler Bewusstseinsforschung – nach Ken Wilber, Teil 3, Verlag: Institut für T'ai Chi Ch'uan und meditative Energiearbeit – Klemens J.P. Speer, Osnabrück, 2007 (Skript im Selbstverlag – www.speer-taichichuan.de).

Josephine Zöller, Das Tao der Selbstverwirklichung - Die chinesische Kunst der Meditation in der Bewegung, Ullstein-Verlag, 4. Auflage 1991.

Daoismus

John Blofeld, Eine Reise von tausend Meilen beginnt mit dem ersten Schritt - Das große John-Blofeld-Lesebuch - Der Weg ins Herz buddhistischer und taoistischer Weisheit, O.W. Barth-Verlag, 2000.

Freya und Martin Bödicker, Philosophisches Lesebuch zum Tai Chi Chuan - Schätze der chinesischen Kultur, Band 1, Düsseldorf, 2005.

Freya und Martin Bödicker, Philosophisches Lesebuch zum Tai Chi Chuan- Schätze der chinesischen Kultur, Band 2, Düsseldorf, 2006.

Thomas Cleary (Hrsg.), Die Drei Schätze des Dao, Basistexte der Inneren Alchemie, edition steinrich, Berlin 2012.

Sukie Colegrave, Yin und Yang - Die Kräfte des Weiblichen und des Männlichen - Eine inspirierende Synthese westlicher Psychologie und östlicher Weisheit, Fischer-Verlag, Frankfurt, 1986

Ingrid Fischer-Schreiber (Hrsg), Das Lexikon des Taoismus, Goldmann-Verlag, München, Vollständige Taschenbuchausgabe Februar 1996.

Gia-Fu Feng & Jane English, Lao Tse - Tao Te King, Eine neue Bearbeitung, Hugendubel-Verlag, München, 5. überarbeitete Auflage, 1986.

Frank Fiedeler, Yin und Yang - Das kosmische Grundmuster in der Kultur Chinas, Diedrichs Gelbe Reihe, Hugendubel-Verlag, München, 2003.

Benjamin Hoff, Tao Te Puh - Das Buch vom Tao und von Puh dem Bären, Synthesis-Verlag, Essen, 1. Auflage, 1984.

I Ging, Text und Materialien, Übersetzung von Richard Wilhelm, Diedrichs Gelbe Reihe, 11. Auflage 1985.

Laotse, TAO TE King, Übersetzung von Richard Wilhelm, Diedrichs, 1999.

Laotse, Tao te king, Das Buch vom Sinn des Lebens, übersetzt und erläutert von Richard Wilhem, Anaconda, 2006.

LAO-TSE, Tao-Te-King, Das heilige Buch vom Tao und der wahren Tugend, Neu übertragen und mit einer Einführung versehen von Wolfgang Kopp, Ansata Verlag, 1994.

Monika Lind/Gabi Lind, Taijiquan & Qigong Lexikon, Kolibri-Verlag, Hamburg, 1995.

Gundula Link, Yin und Yang - Die Suche nach Ganzheit im chinesischen Denken, Becksche Reihe, C.H. Beck-Verlag, München, 2. Auflage, 2001.

Julian F. Pas (Hrsg.), Taoismus, Spirituelle Kostbarkeiten, Bauer Verlag, 1. Auflage 2001.

Sun Tsu, Wahrhaft siegt wer nicht kämpft - Die Kunst der richtigen Strategie, Bauer-Verlag, Freiburg, 3. Auflage 1993.

Alan Watts, Der Lauf des Wassers - Eine Einführung in den Taoismus, 1. Aufl., Bern 1983.

Knut Walf, TAO für den Westen, Weisheit die uns nottut, Kösel-Verlag, München, 1997.

Richard Wilhelm (Übersetzer), I Ging - Texte und Materialien, Diederichs Gelbe Reihe, Köln, 11. Auflage, 1985.

Richard Wilhelm/C.G. Jung, Geheimnis der Goldenen Blüte - Das Buch von Bewußtsein und Leben, Diederichs Gelbe Reihe, Diederichs-Verlag, München, 4. Auflage, 1994.

William Scott Wilsen (Hrsg.), Meister Takuan - Zen in der Kunst des kampflosen Kampfes, O.W. Barth-Verlag, Frankfurt 2004.

Eva Wong (Hrsg.), Die Lehren des Tao, Ullstein-Verlag, Berlin, Deutsche Erstausgabe 1998.

Zen und Meditation

Robert Aitken, Zen als Lebenspraxis, Diederichs Gelbe Reihe, 2003.

Arul M Arokiasamy, Leere und Fülle - Zen aus Indien in christlicher Praxis, Kösel-Verlag, München, 1991.

Arul M. Arokiasamy, Warum Bodhidharma in den Westen kam - oder Kann es ein europäisches Zen geben, ch. falk verlag, Deutsche Erstveröffentlichung 1995.

Karlfried Graf Dürckheim, Vom doppelten Ursprung des Menschen, Herder-Verlag, Freiburg, 11. Auflage 1989.

Karlfried Graf Dürckheim, Der Alltag als Übung, Verlag Hans Huber, Nachdruck der 9. Auflage 1991.

Karlfried Graf Dürckheim, Der Ruf nach dem Meister - Die Bedeutung geistiger Führung auf dem Weg zum Selbst, O.W. Barth-Verlag, Neuausgabe 2001.

Eugen Herrigel, Zen in der Kunst des Bogenschießens, O.W. Barth-Verlag, München, 34. Auflage 1993.

Jing Hui, Die Tore des Chan-Buddhismus, Herausgeber: West-Östliche Weisheit – Willigis- Jäger-Stiftung, Theseus Verlag, 1. Auflage

2010.

Willigis Jäger, Die Welle ist das Meer - Mystische Spiritualität, Herder-Verlag, Freiburg in Breisgau, 4. Auflage, 2001.

Willigis Jäger, Doris Zölls, Alexander Poraj, Zen im 21. Jahrundert, J. Kamphausen Verlag, 1. Auflage 2009,

Livia Kohn, Sieben Stufen der daoistischen Meditation, Abhandlung über das Sitzen in Vergessenheit, Das Zuowanglun von Sima Chengzhen, ML-Verlag, 2010.

Wolfgang Kopp, BEFREIT EUCH VON ALLEM - Ein radikaler Wegführer im Geiste des Zen und der Christlichen Mystik, Ansata-Verlag, Interlaken, 1994.

Wolfgang Kopp (Hrsg.), Lao-Tse - Tao-Te-King - Das heilige Buch vom Tao und der wahren Tugend, Ansata-Verlag, Interlaken 1994.

Philip Kapleau (Hrsg): Die drei Pfeiler des Zen -, Lehre - Übung - Erleuchtung, O. W. Barth-Verlag, 10. Auflage 1994.

Dennis Genpo Merzel Roshi, Big Mind – Großer Geist – großes Herz, AURUM-Verlag, 2. Auflage, 2008.

Klemens J.P. Speer, Durch Krisen zur Meditation, Interview mit Drs. James H. Ringrose in Osnabrück, DAO - Zeitschrift für fernöstliche Lebenskunst 4/1998, S. 48 - 50.

Klemens J.P. Speer, Interview mit Zen-Meister Willigis Jäger zum Thema Integrale Spiritualität und Taijiquan und Qigong, unveröffentlicher Text, Osnabrück 2006. Beim Autor erhältlich.

Alan Watts, Vom Geist des Zen, Sphinx-Verlag, Basel 1986.

Thich Nhat Hanh, Das Wunder der Achtsamkeit - Einführung in die Meditation, Theseus, 8. Auflage 1998.

Schattenarbeit und Psychologie

Rüdiger Dahlke, Das Schattenprinzip – Die Aussöhnung mit unserer verborgenen Seite, mit CD, Arkana Verlag, München, 4. Auflage 2010.

Rüdiger Dahlke, Das Licht- und Schatten-Tagebuch – Das Praxisbuch zum Schatten-Prinzip, Arkana Verlag, München, 1. Auflage 2013.

Stanislav Grof, Das Abenteuer der Selbstentdeckung - Heilung durch veränderte Bewußtseinszustände - Ein Leitfaden, Kösel-Verlag, 1987.

Stanislav Grof, Geburt, Tod und Transzendenz - Neue Dimensionen in der Psychologie, Rowohlt Taschenbuch Verlag, Hamburg, 1991.

Christina und Stanislav Grof, Die stürmische Suche nach dem Selbst - Praktische Hilfe für spirituelle Krisen, Kösel-Verlag, 1991

Stanislav Grof, Kosmos und Psyche, An den Grenzen menschlichen Bewusstseins, Wolfgang Krüger-Verlag, Frankfurt am Main, 1997.

Marion Küstenmacher, Tilmann Haberer, Werner Tiki Küstenmacher, GOTT 9.0, Wohin unsere Gesellschaft spirituell wachsen wird, Gütersloher Verlagshaus, Gütersloh, 2. Auflage, 2011.

Ken Wilber in: Ken Wilber/Jack Engler/Daniel P. Brown (Hrsg.), Psychologie der Befreiung, Perspektiven einer neuen Entwicklungspsychologie - die östliche und westliche Sicht des menschlichen Reifungsprozesses, Scherz-Verlag, Bern, München, Wien, 1. Auflage 1988. *(Transformations of Consciousness, 1986)*

Ken Wilber, Integrale Psychologie -, Geist - Bewusstsein - Psychologie - Therapie, Arbor-Verlag, Freiamt, 2001. *(Integral Psychology, 2000)*

Ken Wilber, Terry Patten, Adam Leonard, Marco Morelli, Integrale Lebenspraxis – Körperliche Gesundheit – Emotionale Balance – Geistige Klarheit – Spirituelles Erwachen, Ein Übungsbuch, Kösel-Verlag, München 2010.

Philosophie und Spiritualität

Mircea Eliade, Schamanismus und archaische Ekstasetechnik, Suhrkamp-Verlag, Frankfurt, 7. Auflage 1991.

Esotera, Das Fachmagazin für neues Denken und spirituelles Leben, Ausgabe 2/06, Winter 2006/Frühjahr 2007, S. 125-127.

Erich Fromm, Haben oder Sein, Die seelischen Grundlagen einer neuen Gesellschaft, dtv-Verlag, 5. Auflage 1980.

Christoph Greiner, Das Thomas Evangelium, Genius Verlag, Aach, 3. Auflage, 2001.

Bede Griffiths, Unteilbarer Geist - Quelle der Heiligen Schriften, dingfelder-verlag, Andechs, 1996.

Michael Harner, Der Weg des Schamanen - Ein praktischer Führer zu innerer Heilkraft, Aristion-Verlag, Genf, 1994.

Kaye Hoffmann, Tanz - Trance - Transformation, Dianus-Trikont-Verlag, 2. Auflage, 1984.

Lexikon der östlichen Weisheitslehren, Buddhismus - Hinduismus - Taoismus - Zen, Albatros-Verlag, Düsseldorf, 2005.

Georg Schmid, Die Mystik der Weltreligionen, Kreuz-Verlag, Stuttgart, 4. neugestaltete Auflage 2000.

Peter Sloterdijk (Hrsg.) Mystische Zeugnisse aller Zeiten und Völker - gesammelt von Martin Buber, Diederichs Gelbe Reihe, Diederichs-Verlag, München, 1993.

Klemens J.P. Speer, Wie eine Nahtoderfahrung mein Leben veränderte - Vom Tod fürs Leben lernen, Via-Nova-Verlag, Petersberg, 2000.

Klemens J.P. Speer, global sehen - integral handeln, Ein Reisebegleiter für individuelles Wachstum, spirituelle Entfaltung und gesellschaftliche Entwicklung - nach Ken Wilber, Teil 1, Verlag: Institut für T'ai Chi Ch'uan und meditative Energiearbeit, Klemens J.P. Speer, Osnabrück, 2005 (Skript im Selbstverlag – www.speer-taichichuan.de).

Klemens J.P. Speer, Daoist-Sein und Christ-Sein im Westen, esotera - essenz - almanach, Das Fachmagazin für neues Denken und spirituelles Leben, Ausgabe 2/06, Winter 2006/Frühjahr2007, S. 125-127.

Frank Visser, Ken Wilber - Denker aus Passion - Eine Zusammenschau, Verlag Via Nova, Petersbrug, 2002.

Ken Wilber, Die drei Augen der Erkenntnis - Auf dem Weg zu einem neuen Weltbild, Kösel-Verlag, München 1988. *(Eye to Eye, 1983)*

Ken Wilber, Naturwissenschaft und Religion - Die Versöhnung von Wissen und Weisheit, Krüger Verlag Frankfurt a. M., 1998. *(The Marriage of Sense and Soul, 1998)*

Ken Wilber, Eine kurze Geschichte des Kosmos, Fischer Taschenbuch-Verlag, Frankfurt a. M., 1998. *(Spiritual Choices, 1987)*

Ken Wilber, Ganzheitlich handeln - Eine integrale Vision für Wirtschaft, Politik, Wissenschaft und Spiritualität, Abor-Verlag, Freiamt, 2001. *(A Theory of Everything, 2000)*

Ken Wilber, Integrale Spiritualität – Spirituelle Intelligenz rettet die Welt, Kösel-Verlag, München, 2007.

Ingeborg Wolf, Mystik -, Zen - Kontemplation - Yoga - Kabbala - Sufismus - Taoismus -, Praxis und Orientierung im Spiegel von Religion, Psycholgie, Naturwissenschaft und Gesellschaft, Edition Logos-Verlag, Frankfurt 2000.

Glossar für Taijiquan und Qigong

Das Glossar der *Chinesischen Schriftzeichen* wird hier in zwei Umschriften wiedergegeben. Die neuere von beiden, die erste, ist *Pinyin*.
Die zweite Umschrift in Klammern ist *Wade-Giles*. Zum Teil sind
unter den gängigen Übersetzungen noch andere ältere Schreibweisen
oder Bezeichnungen wiedergegeben.

Einige zentrale daoistische Begriffe, die für einen geistigen Übungsweg im Taijiquan oder Qigong von Bedeutung sind, können auf unterschiedlichen Ebenen interpretiert werden: auf mythische, rationale
oder mystisch-spirituelle (transrationale) Weise. Es werden hier die
in der Taiji-Literatur gängigen Übersetzungen wiedergegeben.

Baguazhang (Pa Kua Ch'uan) wörtlich: Acht-Trigramme-Hand.
Kampfkunst, die sich auf die Acht Trigamme des *Yijing* bezieht.
Übungen im Kreis mit wechselnden Armbewegungen und schnellen
Drehungen. Auch *Baguaquan* geschrieben.

Baihui (Bai Hui) wörtlich: Einhundert Begegnungen. Akupunktur-
punkt am höchsten Punkt des Kopfes, dem Scheitelpunkt. Der Punkt,
an dem der Mensch „zwischen Himmel und Erde aufgespannt" ist.
Auch mit „Himmlische Pforte" übersetzt und *Niwan* genannt.

Chiang Tao Chi Dr., 1920 in China geboren. Seit 1948 in Taiwan
und seit 1980 in Kanada lebender Taiji-Meister. 5. Yang-Stil-Generation. Hat bei Chen Man-Ching gelernt. Hauptlehrer von *Toyo und
Petra Kobayashi.*

Dalü (Ta Lu) wörtlich: großes Ziehen. Fortgeschrittene Stufe von
Partnerübungen, bei denen die Techniken „Ziehen", „Spalten", „Ellenbogenstoß" und „Schulterstoß" angewandt werden.

Dantian (Tan T'ien) wörtlich: Zinnoberfeld. Es werden drei Dantian unterschieden: das obere Dantian zwischen den Augenbrauen, das mittlere etwa in der Mitte des Brustbeins und das untere etwas unterhalb des Bauchnabels. Das untere Dantian befindet sich etwas körpereinwärts. Im Taijiquan gehen alle Bewegungen vom unteren Dantian aus. Auch *Dantien* geschrieben.

Dao (Tao) wörtlich: Weg, Pfad. Dao wird auch mit „Urgrund allen Seins“, das „Namenlose“, das „Absolute“, „das kosmische, nicht darstellbare Ordnungsprinzip im ewigen Wandel“ und mit „Lauf des Kosmos“ übersetzt.

Daodejing (Tao Te King) wörtlich: „Das Buch (der Klassiker) vom *Weg* und der *Kraft*“. Das Buch wird dem *Laotzi* zugeschrieben. Es ist jedoch nicht historisch belegt, von wem und wann es verfasst wurde. Es ist in 81 Versen geschrieben und das wichtigste Buch im Daoismus: auch *Tao Te Ching* , *Dao De Jing* und *Daudedsching* geschrieben.

Daoismus (Taoismus) Eine der großen Weisheitstraditionen Chinas, neben dem *Konfuzianismus* und dem *Buddhismus.* Im Mittelpunkt steht der Begriff des *Dao,* Ausgangspunkt einer Volksreligion.

Gongfu (Kung Fu) *Gong* wörtlich: Arbeit, Übung, Zeit; *Fu* wörtlich: Mann. Beharrliches Üben in den Kampfkünsten, die zur Meisterschaft führt. Oberbegriff für Kampfkünste. Auch *Wushu* für die neueren Kampfkünste.

Jing (Ching) wörtlich: wesentliche Energie, innere Energie. Dynamische Manifestation von *Qi* im *Taijiquan.* Entsteht durch intensives Üben der Taiji-Prinzipien. Jing wird in der Kampfkunst in verschiedene Aspekte unterteilt. Um es von Jing = Essenz zu unterscheiden, wird es oft *Jin (Chin)* geschrieben.

Laogong (Lao Kung) wörtlich: Palast der Arbeit. Meridianpunkt in der Mitte des Handtellers.

Laozi (Lao Tse) wörtlich: alter Meister. Etwa 4. Jh. v. Chr. Ihm wird

171

das Daodejing zugeschrieben. Urvater des Daoismus und neben Konfuzius die bedeutenste Persönlichkeit der Geistesgeschichte Chinas. Auch *Laotse* und *Lau Dse* geschrieben.

Li (Li) wörtlich: Kraft. Im Taijiquan, hart, rohe Muskelkraft, die von den „Knochen" kommt. Der Einsatz von Li widerspricht den Taiji-Prinzipien.

Neidan (Nei Dan) wörtlich: inneres Elixier, Zinnober. Begriff für die Entwicklung einer „unsterblichen" Seele aus den *San Bao* („drei Schätzen"). Bei Neidan-Übungen soll *Jin* in *Qi* und *Qi* in *Shen* umgewandelt werden. Dann wird Shen ins Nichts gebracht, um in Einklang mit dem Kosmos zu kommen. Bezeichnung für den Übungsweg der inneren Entwicklung.

Neigong (Nei Gong) wörtlich: innere Arbeit. Innere Übungen, die in Ruhe durchgeführt werden, d.h. ohne oder mit geringer körperlicher Bewegung; auch im *Taijiquan.*

Qi (Ch'i) wörtlich: Atem, Hauch, ursprünglich aufsteigender Dampf. Wird im Taijiquan und Qigong in der Regel nicht übersetzt, da es im westlichen Denken keinen entspechenden Begriff gibt. Oft jedoch dennoch mit „Lebensenergie", „Lebenskraft" und „kosmische Energie" übersetzt. Qi soll zu *Shen* umgewandelt oder verfeinert werden.

Qigong (Ch'i Kung) wörtlich: Arbeit mit dem *Qi* oder „Atem". Übungen, die für das Qi, für den Fluss des Qi, förderlich sind. Auch *I Gong, Chi Kung* geschrieben; *Daoyin,* alte Bezeichnung für Qigong.

Rujing (Ru Jing) wörtlich: in die Stille eintreten, sich versenken. Geistige Leere: ein Zustand des Geistes, der beim Qigong und bei meditativen Übungen angestrebt wird.

Sanshou (San Shou) wörtlich: Hände loslassen. Eine fortgeschrittene Stufe der Partnerübungen im Taijiquan, in denen Bewegungsfolgen angewandt werden. Auch mit „sich lösende Hände" übersetzt.

Shen (Shen) wörtlich: Geist, Seele. Höhere Form von Energie, die aus *Qi* entsteht. Im Taijiquan meist mit „Geist", „Bewusstsein" oder engl. „spirit" übersetzt.

Sung (Sung) wörtlich: lockern, losmachen, auflösen. Wird im Taijiquan und Qigong meist mit „entspannen" und „loslassen" übersetzt. Hat nichts mit Schlaffheit zu tun. Auch *Song* geschrieben.

Taiji (T'ai Chi) wörtlich: großer First. „Das Höchste Letzte", Zustand größter Harmonie von *Yin* und *Yang* zwischen dem ungeteilten *Wuji* und dem sich wandelnden und getrennten Yin und Yang. Taiji wird auch mit „Mutter von Yin und Yang" übersetzt. Bezeichnung für das Yin/Yang-Symbol.

Taijiquan (T'ai Chi Ch'uan) *Tai* wörtlich: groß, *Ji* wörtlich: Dachbalken, First, *Quan* wörtlich: leere Hand, Faust. Der Weg der„inneren" Kampfkunst (der Faust) zum „Höchsten Letzten", zur „Einheit von Yin und Yang". Eine fließende, langsam geübte Kampfkunst, die heute überwiegend aus gesundheitlichen Gründen geübt wird. Es gibt verschiedene Stil-Richtungen bzw. Familientraditionen.

Tuischou (Tui Schou) wörtlich: Hände schieben. Einführende Form in die Partnerübungen, bei denen die Techniken „Abwehren, „Zurückrollen", „Drücken" und „Stoßen" geübt werden und die Taiji-Prinzipien verwirklicht werden. Auch engl. *pushing hands* oder kurz *push hands.*

Weilü (Wei Lü) wörtlich: Steißbeinpunkt. Meridian-Punkt unter der Spitze des Steißbeins.

Wuji (Wu-chi) wörtlich etwa: Gestaltlosigkeit. Undifferenzierte Leere, in der jedoch alles enthalten ist. Zustand des Uranfangs und des Urendes, aus dem alles kommt und in das alles zurückkehrt. Der Leere Kreis als Symbol für das Noch-nicht-Sein und das Nicht-mehr-Sein.

Wuwei (Wu Wei) wörtlich: nicht handeln. „Handeln, ohne in den natürlichen Lauf der Dinge einzugreifen". „Absichtsloses Handeln", eine „wirkkräftige Haltung, aus der jede Wirkung möglich ist". Auch *Wu-Wei* geschrieben.

Wuxing (Wu Hsing) wörtlich: Fünf Wandlungen. Bezeichnung für den Kreislauf der Natur, symbolisiert durch die Elemente Wasser, Holz, Feuer, Erde und Metall. Alle Erscheinungen können diesen *Wandlungsphasen* zugeordnet werden.

Xin (Hsin) wörtlich: Herz. Wird meist mit „Bewusstsein" übersetzt. *Xin* sind verschiedene Aspekte wie Denken, Wissen und Handeln untergeordnet. Wird in Verbindung mit *Yi* oft mit „Herz-Verstand" übersetzt.

Xü (Hsü) wörtlich: Leere, im nicht-dualistischen Sinne.

Yang Chengfu (1883-1936) Herausragender Meister des Yang-Stils und Enkel von *Yang Luchan. (Yang Ch'eng-fu)* Auch *Yang Cheng-Fu* geschrieben. 3. Yang-Stil-Generation.

Yang Luchan (1799-1872) Begründer des Yang-Stils. Der Name Yang-Stil geht auf den Familiennamen *(Yang Lu-ch'an)* des Begründers zurück. Er hat nichts mit den Begriffen Yin und Yang zu tun. Der *Yang-Stil* ist weltweit die bekannteste Stil-Richtung im Taijiquan. Auch *Yang Lu-Chan* geschrieben.

Yi (I) wörtlich: ebenso wie bei *Qi* keine direkte Entsprechung möglich. Oft mit „Imagination", „Vorstellungskraft", „Gedanken", „Intention", „Aufmerksamkeit", „Wille", „Verstand" übersetzt, in Verbindung mit *Xin* als „Herz-Verstand".

Yijing (I Ging) wörtlich: Klassiker der Wandlungen. Das chinesische „Buch der Wandlungen" ist etwa 3000 Jahre alt und als Weisheits- und Orakelbuch ein Grundlagenwerk der chinesischen Philosophie. Es enthält 64 Hexagramme und ihre Deutung im ständigen Wandel von Yin und Yang. Auch *I Ching* geschrieben.

Yin und Yang (yin und yang) *Yin* wörtlich: Schattenseite eines Hügels, *Yang* wörtlich: Sonnenseite eines Hügels. Symbole für alle Gegensatzpaare, wie hell und dunkel, materiell und immateriell, männlich und weiblich, usw.

Yongquan (Yong-chuan) wörtlich: sprudelnde Quelle. Meridian-Punkt in der Mittellinie zwischen Großzeh- und Kleinzehenballen, der mit der „Verwurzelung" und „Erdung" verbunden wird.

Yuzhen (Yu Chen) wörtlich: Jadekissen. Bereich (Punkt) am hinteren Schädelansatz.

Zang Sanfeng (angebl. 1391-1459) Daoistischer Mönch, Urvater des Taiji, der Taijiquan in den *(Chang San-feng) Wudang*-Bergen Chinas entwickelt haben soll. Seine historische Existenz ist nicht belegt. Ihm wird die Anekdote von der Inspiration durch den Kampf von Kranich und Schlange zugeschrieben, aus der die „innere Schule" des Taijiquan entstanden sein soll. Auch *Chang San-Feng* geschrieben.

Zheng (Ching) wörtlich: Energie, Vitalität. Energetische Grundenergie in Verbindung mit der Samenflüssigkeit beim Mann und dem Menstruationsblut bei der Frau. Zheng soll zu *Qi* verfeinert oder umgewandelt werden. Auch *Jing* geschrieben.

Zeng Manqing (1900-1975) Professor Cheng Man-Ching war Schüler von *Yang Cheng-Fu* und brachte den *(Cheng Man-ch'ing)* Yang Stil über Taiwan in die USA und damit in den ganzen Westen. Er entwickelte aus der ursprünglichen Langen Form des Taiji die nach ihm benannte Kurze Form. Auch *Cheng Man-Ching* geschrieben. 4. Yang-Stil Generation.

Zuangzi (ca. 369 - 286 v. Chr.) vermutlich Autor des Werkes „Das wahre Buch vom südlichen *(Chuang-Tzu)* Blütenland". Neben *Laozi* wichtigster Weisheitslehrer und Philosoph des Daoismus. Auch *Chuang Chou* und *Dschung Dsi* geschrieben.

Glossar für integrale Spiritualität nach Wilber

Bewusstsein: mit allen Sinnen wach und präsent sein und reines wahrnehmen, ohne zu denken und zu urteilen.

Evolution: Entwickeln, Entfalten, Aufsteigen

Ebenen (auch Stufen, Schritte, Spiralen, Wellen, Drehpunkte): Bewusstseins- oder Entwicklungsebenen, die unterschiedlich tief aufgeschlüsselt werden, zwischen 2, 3, 5, 7, 9, 12 usw. Es wird generell zwischen individueller und gesellschaftlicher (kollektiver) Entwicklung unterschieden. Vereinfachte individuelle Entwicklung: Geburt, Säugling, Kleinkind, Kind, Schüler, Student, Erwachsener, Visonär, Heiliger, Meister/Weiser, Tod. Kollektiv zum Beispiel: archaisch, magisch, mythisch, rational, integral.

GEIST: der absolute Geist, als Grundlage der materiellen Welt, nicht fassbar und greifbar

Geist: der denkende Verstand, die Ratio

Holon: Alle Holons sind ein Ganzes und ein Teil, also Ganze/Teile. Ein Holon ist immer ein Teil von einem umfassenderen Holon.

Involution: Einfaltung, Innewohnen, Herabsteigen

Linien (auch Ströme oder Bänder der Entwicklung): die fünf wichtigsten nach Wilber sind: Emotional, Mental, Beziehungsfähigkeit, Moral und Spiritualität. Wilber nennt insgesamt bis zu 23 Linien: dazu gehören künstlerische, sportliche, berufliche usw.

Mystik: eine nicht in Worte fassbare Erfahrung des Göttlichen, des Alleinen, der Allverbundenheit

Non-Dual: Nicht-Gegensetzlichkeit, Nicht-Zwei, Einheit

Numinos: mysteriös, mystagogisch, mystisch, nicht in Worte fassbar

Präpersonal: vor dem Personalen (Menschlichen) stehend

Prärational: vor dem Rationalen (Verstandesmäßigen) stehend

Prä/Trans-Verwechslung: Höhere Entwicklung, die über das Rationale und Personale hinaus geht, wird mit niederen Ebenen der Entwicklung, die noch vor dem Rationalen stehen verwechselt, weil beides nicht rational ist, und umgekehrt.

Quadranten: Vier Aspekte von Ganzheitlichkeit in ein Koordinatenkreuz eingeteilt. Oben: Innen und Außen und unten: Innen und Außen. Oben Individuell und unten Kollektiv: Sie ergeben: Die individuelle Innensicht, die individuelle Außensicht, die kollektive Innensicht und die kollektive Außensicht. Wilber nennt sie auch Oben links (OL), Oben rechts (OR), Unten links (UL) und Unten rechts (UR) oder noch einfacher, Ich, Es, Wir und Sie (bzw. Es (Einzahl) und Es (Mehrzahl) = Sie).

Seele: nach Wilber der nicht fassbare, feinstoffliche, subtile, kausale GEIST

Transpersonal: über das Personale (Menschliche) hinaus gehend

Transrational: über das Rationale (Verstandesmäßige) hinaus gehend

Triebkraft des Universums: der göttliche Impuls allen Lebens

Typen der Entwicklung: zum Beispiel männlich und weiblich, verstandesmäßig und emotional, usw.. Typen sind Charaktertypen bzw. Prägungen der Persönlichkeit, die oft nur schwer zu ändern sind.

Urknall: Big Bang, der Urzustand des Universums bei seiner Entstehung und Ausbreitung.

Vedanta: die Lehren und Schriften der indischen Veden, die alten Weisheitstexte des Yoga

Zustände (auch Bewusstseinszustände oder Entwicklungszustände): Wachbewusstsein, Traumbewusstsein, Tiefschlafbewusstsein, Non-Duales Bewusstsein. Von Wilber auch als grobstofflich, feinstofflich oder subtil, kausal und absolut bezeichnet.

Autorenportrait

<u>Klemens J.P. Speer:</u>

Klemens Speer begann 1982 mit dem Üben der sitzenden Meditation und etwas später mit der bewegten Meditation. Seine Hauptlehrer in der sitzenden Meditation waren: Prof. Klaus Künkel, Osnabrück (Vipassana), Pir Vilayat Inayat Kahn (Sufi-Meister) und später Jamens H. Ringrose (Zen-Lehrer in der Dürckheim-Tradition), Wolfgang Kopp, Wiesbaden (Zen-Meister). Gundula Meyer, Ohof (Zen-Meisterin) und Willigs Jäger, Holzkirchen (Zen-Meister). Seine Hauptlehrer in bewegter Meditation waren: Petra und Toyo Kobayashi (Taijiquan), Zhi Shang Li (stilles Qigong), Yang Chen He (Taijiquan - Säbelform) und Wee Kee Jin (Taijiquan) und eineige im Unterricht erfahrene Kollegen. Es ist ihm ein Anliegen bewegte und sitzende Meditation miteinander zu verbinden, damit sich ihre geistigen, gesundheitlichen und lebenspraktischen Wirkungen gegenseitig verstärken.

Klemens Speer, Dipl. Betiebswirt, Dipl. Ingenieur, ist Lehrer und Ausbilder für Taijiquan, Qigong-Lehrer und Zen-Lehrer in der Zen-

179

Linie "Leere Wolke". Er leitet Taiji-Ausbildungen, die bis zum Kurs-leiter- und Lehrer-Abschluss führen können, und ist Mitinitiator, Gründungsmitglied und ehemaliges Vorstandsmitglied im Deutschen Dachverband für Qigong und Taijiquan (DDQT). In dieser Funktion hat er dessen Qualitätsstandards entscheidend mitentwickelt. Klemens ist Buchautor über seine Nahtoderfahrung und hat sich u.a. intensiv mit den spirituell-philosophischen Werke Ken Wilbers befasst und dazu drei umfangreiche Skripte für seine Schüler geschrieben. Seit mehr als 30 Jahren ist er auf dem Weg mit Meditation, Taijiquan und Qigong und hat mit diesen Wegen über 25 Jahre Unterrichts-Erfahrung: Zusammengerechnet auf eine 40 Stunden-Woche ergibt dies mehr als 7 Jahre Meditations-Erfahrung im "Weltkloster des Lebens". Breits 2014 sind von ihm zwei Bücher über Zen und Taiji beim Lotus-Press Verlag erschienen.

Autorenportrait von Kim Lühmann

Weitere Informationen

zu der Arbeit des Autors und seinen Seminaren finden Sie unter:

www.speer-taichichuan.de und www.ost-west-spirit.de

Auch von Klemens J.P. Speer

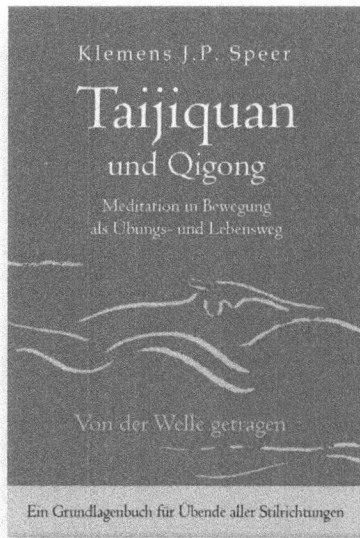

Klemens J.P. Speer

Taijiquan und Qigong - Meditation in Bewegung als Übungs- und Lebensweg

Von der Welle getragen - ein Grundlagenbuch für Übende aller Stilrichtungen

Taiji (Taijiquan und Qigong) als Übungsweg führt über Körpertraining und Energiewahrnehmung hinaus zur Erfahrung des Einsseins mit dem Dao. Die Wahrnehmung von Körper, Energie und Geist fallen in dieser Erfahrung der Wirklichkeit in Eins zusammen. Dieses Grundlagenbuch vermittelt auf dem Fundament der daoistischen Tradition ein modernes Verständnis, wie Menschen im 21. Jahrhundert Taiji für ihre eigene Entwicklung nutzen können und gibt Hinweise, wie Qigong und Taijiquan so geübt werden können, das diese Ebene der Allverbundenheit erfahrbar wird und das Leben verwandelt. Wichtige Basisfragen wie die Rolle von Musik, das Energieverständnis, die innere und äußere Erfahrungswelt der Haltungs- und Bewegungsprinzipien beim Üben und deren Wirkungen werden geklärt.

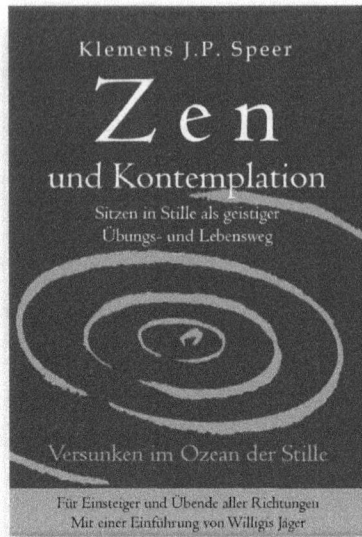

Klemens J.P. Speer
Zen und Kontemplation - Sitzen in Stille als geistiger Übungs- und Lebensweg

Versunken im Ozean der Stille - für Einsteiger und Übende aller Richtungen, mit einer Einführung von Willigis Jäger

Zen und Kontemplation – zwei Begriffe aus unterschiedlichen Kulturen, die dasselbe meinen: Die Konzentration auf das Innere, eine Art stille Meditation, die Verbindung mit uns selbst, unserem Atem, dem Leben insgesamt. Ziel dieser spirituellen Übungen ist es, die "Allverbundenheit" zu erfahren, sich also mit sich selbst, allen Wesen und auch dem Göttlichen verbunden zu fühlen. Klemens J.P. Speer zeigt hier, wie man auch als Mensch des 21. Jahrhunderts diese uralten Meditationsformen zur persönlichen Entwicklung nutzen kann.

Klemens J.P. Speer
Wie eine Nahtod-Erfahrung mein Leben veränderte -
Vom Tod fürs Leben lernen

Nahtod-Erfahrungen sind faszinierend und werden inzwischen aus vielen Perspektiven erforscht: medizinisch, neurophysiologisch, psychologisch und in der modernen Bewusstseinsforschung. Auch mystische Traditionen aller Richtungen berichten von ihnen.

Das Buch beschreibt die Kriterien von Nahtod-Erfahrungen (NTE) und die persönliche NTE-Erfahrung des Autors bei einem schweren Unfall. Zudem werden Wege aufgezeigt, wie diese tiefe Erfahrung in den Alltag integriert werden kann.

Auch von Lotus-Press

Peter Hubral

Mit Wuwei zum Dao

Mit *Philía* (Wuwei) zum *Lógos (Dao)* -
Ursprung und Sinn der Taiji-Praxis

Dr. Peter Hubral
Mit Wuwei zum Dao: Mit Philía zum Lógos

Mit Wuwei zum Dao ist ein lang überfälliges Buch, welches einem breiten Publikum die Begriffswelt der daoistischen Sicht des Lebens näher bringt und tiefgreifend erläutert. Es richtet sich an Sinologen, Philosophen, an TCM-Ärzte und Interessierte gleichermaßen und ist insbesondere für all die Praktizierenden des Qigong, des Taijiquan und anderer chinesischer Kampfkünste ein Fundus von unschätzbarem Wert. Dr. Peter Hubral greift in seinen Erläuterungen auf einen großen theoretischen und praktischen Erfahrungsschatz zurück.

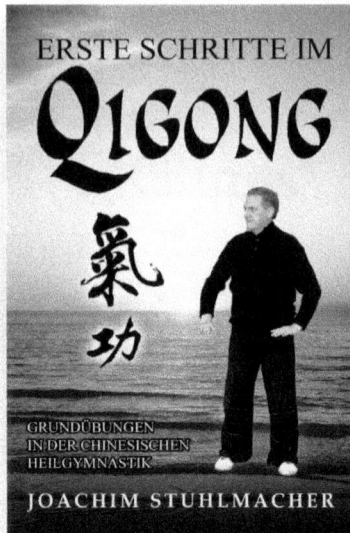

Joachim Stuhlmacher
Erste Schritte im Qigong - Grundübungen in der chinesischen Heilgymnastik

Qigong ist eine jahrtausendealte chinesische Heilgymnastik und Meditationsform. Mittlerweile hat es sich auch im Westen als Entspannungstraining, Anti-Stressprogramm, zur Gesundheitsvorsorge und Weg der spirituellen Selbstfindung etabliert. Joachim Stuhlmacher stellt hier die Grundlagen des Qigong verständlich dar und bietet so einen praktischen und leicht nachzuvollziehenden Einstieg in die heilsamen asiatischen Übungen.

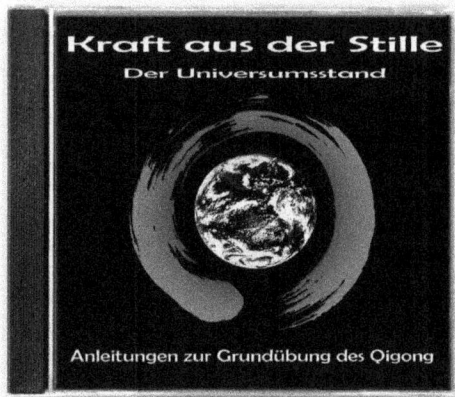

Joachim Stuhlmacher
Kraft aus der Stille - Der Universumsstand

Qigonglehrer Joachim Stuhlmacher leitet auf dieser Doppel-CD Variationen der Standmeditation, der grundlegenden Übung des Qigong, an. Wegen ihrer Einfachheit bieten sie viel Raum für innerkörperliche Erfahrungen: Blockaden erspüren, den Fluss des Blutes und des Qi wahrnehmen, den Geist zur Ruhe kommen lassen, sich selbst erfahren. Sowohl Einsteiger als auch Fortgeschrittene finden hier die richtigen Übungen zur konsequenten Verbesserung ihrer Gesundheit.

Tracks CD 1:
1. Der Universumsstand "Yin" (35:21 Min.)
2. Der Universumsstand "Yin instr." (35:21 Min.)

Tracks CD 2:
1. Der Universumsstand "Yang leicht" (21:37 Min.)
2. Der Universumsstand "Yang" (51:18 Min.)

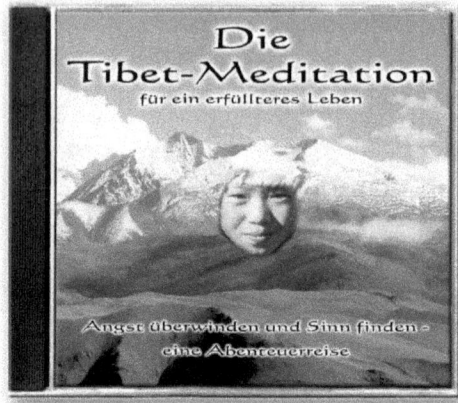

Andreas Seebeck
Die Tibet-Meditation

Eine geführte Meditation auf dem Weg zum Sinn des Lebens - basierend auf den Erkenntnissen des "Tibetischen Totenbuchs". Frei von Irrtum, Verblendung, Hass, Stolz, Gier, Neid und vor allem von Angst - das ermöglicht uns ein Leben in Glück, Gesundheit und Zufriedenheit. Aber wie befreien wir uns davon? Und wie finden wir unsere Erfüllung? Im Jahre 800 n.Chr. schrieb der tibetische Adept Padmasambhava die Antwort auf diese Fragen im Buch der Befreiung (bei uns als Tibetisches Totenbuch bekannt) nieder. Die Tibet-Meditation führt Sie mit Hilfe der modernen Trance-Induktion, der Technik der Hemisphärensynchronisation sowie der tibetischen Technik des Auflösens in den Zustand des 'Meditations-Bardo'.

Joachim Stuhlmacher
Der kleine himmlische Kreislauf

Anleitung zur grundlegenden Übung der daoistischen "Inneren Alchemie"

Der kleine himmlische Kreislauf ist die wohl bekannteste daoistische Übung, die es bei uns gibt. Der Qigonglehrer Joachim Stuhlmacher führt, auf dem Hintergrund von mehr als 20 Jahren Erfahrung mit Qigong, in diese wichtige Übung der Inneren Alchemie ein. Neben der klass. Variante werden auch Variationen und vorbereitende Übungen erläutert und angeleitet, ohne die ein sinnvolles Praktizieren kaum möglich ist.

Hilmar Hajek & Andreas Seebeck

Alle 2 Minuten ein Ping - Musik für die Behandlung mit alternativen Heilmethoden

Viele alternative Heilmethoden wie z.B. das japanische Heilströmen (Jin Shin Jyutsu), Reiki, das autogene Training oder der Healing Code, arbeiten mit Übungsabschnitten oder Handpositionen, die über bestimmte Zeiträume gehalten werden. Um den Kopf frei von Gedanken an die Uhr zu halten, erklingt hier alle zwei Minuten ein Ping zu der entspannenden Musik von Hilmar Hajek. So ist es viel leichter, mit der Aufmerksamkeit ganz bei der Übung zu bleiben.
Wir wünschen all denen viel Spaß an unserem Ping, die für ihre Übungspraxis auch schon eine Alternative zur Uhr gesucht haben.

Weitere Informationen und Bonusmaterial
finden Sie auf unserer Website
www.lotus-press.com

LOTUS PRESS

www.ingramcontent.com/pod-product-compliance
Lightning Source LLC
Chambersburg PA
CBHW060517090426
42735CB00011B/2267